特別支援教育に学ぶ

発達が気になる子の教え方

The BEST

渡辺道治
Michiharu Watanabe

東洋館出版社

はじめに

2023年8月。

東京都三鷹市の先生方から依頼されて、私は一つのセミナーを行いました。

発達に凸凹のある子ども、あるいは正式な診断はついていないけれども発達の気になる子どもにどのような支援や対応を行っていけばよいのか。

一言でまとめるなら、「特別支援教育」に関するセミナーを開催してほしいとのオファーでした。

講座を準備するにあたり、まず思い返したのは、これまでに担任してきた学級や子どもたちの姿でした。

いわゆる「学級崩壊」と呼ばれる状態にあるクラスを引き継いだことがこれまでに何度もあり、その中心にはいつも「対応が困難」と呼ばれる子どもたちがいました。

怒りを止められず毎回のように暴力を振るう子。

教室からの飛び出しや立ち歩きが常態化している子。

見通しが立たないことに過剰なほどの不安を覚える子。

思い通りにいかないことがあるとパニック状態になる子。

そうした難しい状況や局面において、いつも自分自身を守ってくれたり、支えてくれたり、奮い立たせてくれたのが、この特別支援教育における学びです。

先ほどの子たちが、自分の意志の力で怒りや衝動を鎮めたり、ふさわしい行動を選択できるようになったり、さらには生き生きと学習に向かえるようになったり。

こうした姿を幾度となく目の当たりにするたびに、私はこの仕事の素晴らしさを改めて感じ、教職に就いた大きな喜びを感じてきたのです。

そういった意味で、私は、特別支援教育における学びは、すべての教育者における「必携の学び」だと確信しています。

そのことを、三鷹市の先生方にセミナーを通じて伝えることにしました。

すると、その噂を聞きつけた三鷹市以外の先生方からも「そのセミナーを受けたいです」との声が続々と上がるようになりました。

そこで私は、Voicy（ボイシー）というラジオの中で、改めて特別支援セミナーを再現することにしました。

その反響は凄まじく、約6時間にわたる長編のラジオセミナーであるにもかかわらず、瞬く間に千人以上の方が受講する運びとなりました。

さらに、一度聞いて終わりではなく、何十回も同じ放送を聞き続けている方々がいます。

このセミナーの学びを生かして、各地で校内研修を開催する方々も出始めました。

国内だけでなく、海外からもラジオセミナーを通じて熱心に学んでいる方々もいます。

本書は、そのセミナーの音源を文字起こしし、さらに特別支援教育に関する専門家の方の知見をプラスする形で完成したものです。

現場レベルではなかなか到達できない深い理論の裏付けを行うために、今回ご助言やご協力をお願いしたのが名寄市立大学の郡司竜平准教授です。

本書の中で扱った内容に関係する先行研究や理論について、特別支援教育の専門家である郡司先生には何度もアドバイスをいただきました。心よりお礼申し上げます。

また、直接的な繋がりはありませんが、「公益社団法人子どもの発達科学研究所」の和久田学先生や発達支援コンサルタントの小嶋悠紀先生、行動分析学者の奥田健次先生の著作等からもこれまでにたくさんのことを学ばせていただきました。

さらに現在、私は兵庫教育大学・大学院にて臨床心理学を専攻しています。

その中で特に、認知行動療法や応用行動分析学について改めて深く学んでいるところであり、そこから得た知見もプラスする形で本書の原稿をまとめたところです。

第1章は、セミナーの本編の内容を文字起こししたものを収録し、第2章では、セミナー参加者からの質問に私が答えた内容を文字起こししたものを収録しています。

特に第2章では、全部で24もの質問に答えていったわけですが、実は今も現在進行形でセミナーは続いており、その質問・回答の数も増え続けています（詳しくは私のVoicyチャンネルをのぞいてみてください）。

第1章も第2章も、実際のセミナーに参加したつもりで読み進めてもらえれば、三鷹市の先生方やラジオセミナーで学んでいる方々と同様の学びの体験ができるのではないかと思います。

すべての教育者にとっての「必携の学び」が、一人でも多くの方に届くことを願っています。

目次

第1章

特別支援教育
必携の知識と技術

背景要因が見えるか否か

ある特別支援教育に関する雑誌に、次の設問が載っていました。

「現在、先生が教室で対応に困っている子どものタイプを教えてください」

答えのランキングは次のようになりました。

第10位　ずっと喋りっぱなしの子
第9位　授業中、口を挟む子
第8位　学習意欲がない子
第7位　負けや失敗を認められない子
第5位　何事にも時間がかかる子　※同率
第5位　書くことが苦手な子
第4位　先生の指示に従わない子
第3位　暴言を吐く子
第2位　乱暴な行いをする子

第1位　こだわりが強い子

このアンケートが示している内容は、一度や二度その行動が起きているのではなくて、おそらく慢性的に何度もそれが起きているはずです。だから「困っている」んですね。

暴言だとか乱暴な行いだとか、何事にも時間がかかったり、何事にも取り組まなかったり、授業中ずっと口を挟んだり、こだわりが強かったり、癇癪《かんしゃく》を起こしたり、パニックになってしまったり、誰しもどこかで対応したことがあるであろうお子さんたちです。

これらのいわゆる「不適応行動」に相対したときが特別支援の「入口」です。

この入口の瞬間に道を間違ってしまうと、行動改善につながっていきにくいだけでなく、関係が壊れたり難しくなってしまうことが少なくありません。

ちなみに、この「入口」とは、その不適応行動に相対した教師や保護者の「思考の中」にあります。

例えば、何度も何度も繰り返すその不適応行動を見て、「あー、またあの子か、困ったな」と考える先生がいたとしましょう。

もう一つのパターンは、「一体なぜこの行動をしているのか」と考える先生を思い浮かべてみてください。

前者をAとして、後者をBとしたとき、どちらの方が行動改善につながりやすいかは明白です。明らかに後者なわけです。一体なぜこのような行動をしてしまうのだろうか、というその要因を探っているからです。

それに対して、Aの「またか、困ったな」といったその行動自体を問題視してしまう先生というのは、やはりその子ども自体の問題と捉えたり、親が悪いとか地域が悪いとか、前の担任が悪いというような形で、思考が他責になっていきやすいんですね。そして改善には至らない。なぜかというと、ここまでの過去というのは変えようがないからです。

親だって変えようがない。地域だって変えようがない。性格だって変えようがないわけです。結果、その子自身がどんどんと困った存在になっていきます。さらに言うと、Aの思考は背景にある要因を考えようとしないので、目先の行動だけを変えようとします。

「ダメでしょ。またあんたそんなことして！」

「何度言ったらわかるの！　もうしょうがない！」

「お家の人に電話するからね！」

と言って、その行動のところだけにアプローチしてしまう。そうして教室でその子は困った存在になっていきやすいんですね。より問題が根深くなっていってしまったり、深刻化していくケースにつながってしまったりするのです。

そして、その子自体が問題だ、その行動自体が問題だっていうふうにしてアプローチを続けていくと、得てして関係は崩れていきます。子どもだけではなく、保護者の方ともです。

そして、いったん関係が崩れると修復は難しくなり、何度指導しようとも改善の芽が一向に出ないばかりか、どんどん溝が深まっていくといった負のケース、負のスパイラルに陥ってしまうことも少なくありません。

恐ろしいですよね。入口を間違えただけでここまで変わってくるということなんです。だからこそ、入口だけは間違えてはいけない。「困ったやつだな」とか「困った子だな」ではいけないのです。一体なぜこの行動をしているんだろうという要因を考えていこうということなのです。

よく考えてみれば、どんな子どもだってやっぱり認められたらうれしいし、褒められたら満たされた気持ちになるし、そういう人生を歩みたいと思っているんです。

でも、そういった不適応行動を起こしてしまう。それは一体なぜなんだろう。この子だってきっと認められたい、褒められたいし、そういう人生を歩みたいはずなのに。**なぜこういった行動を繰り返すんだろうなって考えるところから改善の一歩が踏み出せる**わけです。

今、一番大切な一丁目一番地のところからお話をしています。前ページの図にある、いわゆる「氷山モデル」を見てもらったらわかると思いますが、行動は、我々の目に見えているものであり、ほんの一部なんですね。その背景にはもっともっと根深くて複雑な要因、背景要因が存在しています。ここを知っておくことで、この物差しをたくさん手に入れていくことで、行動の見取り方が変わってくるということです。

例えば、癇癪《かんしゃく》を起こして泣き叫んでる子どもがいたとしましょう。

その癇癪を起こして泣き叫ぶという行動を見たときに、「この子はどこか感覚の違いがあるのではないか」とか、あるいは、「認知、意味付けのところに何か偏りがあるのではないか」、あるいは『これまでの経験の中で何か誤ったことを学んでしまっているのではないか』。これによって「この子は何を得ているんだろう」と考えたりとか、「これが起きる前には一体何があったんだろう」ということが瞬時に浮かんでくるか否か。ここがとても重要なポイントです。

一つの行動を前にしたときに、メモだとか本を見なくても、あっという間にこの行動を見取る物差しを取り出して活用していくということができていくと、改善への道が早くなっていくわけなんです。

何も見なくたって、その行動にも刹那的に対応する、その**瞬間瞬間で体が反応するような「技能化」**されるくらいまで、この特別支援の学びが血肉化していくということが私は極めて大事だと思っています。なぜなら、最前線の現場では対応の仕方をいちいち調べたり尋ねているようなことはできないからです。瞬時に正しい関わりができるようにするために、技能化が必要なのです。

不適応行動はどのように発生するのか

では、この行動の見取り方、その物差しの中身を具体的に見ていきます。

どのようにその行動は分類ができるのか。行動の発生原理とは一体何なのか。このあたりが体感できて、血肉化できると、子どもたちの行動を見たときに即座に動くことができます。瞬時にアセスメントを取ったりだとか、背景要因を探っていったりだとかもできるようになります。

ここでは、まずその「行動の発生原理」、どのような過程を経て行動が起きるのか、そのメカ

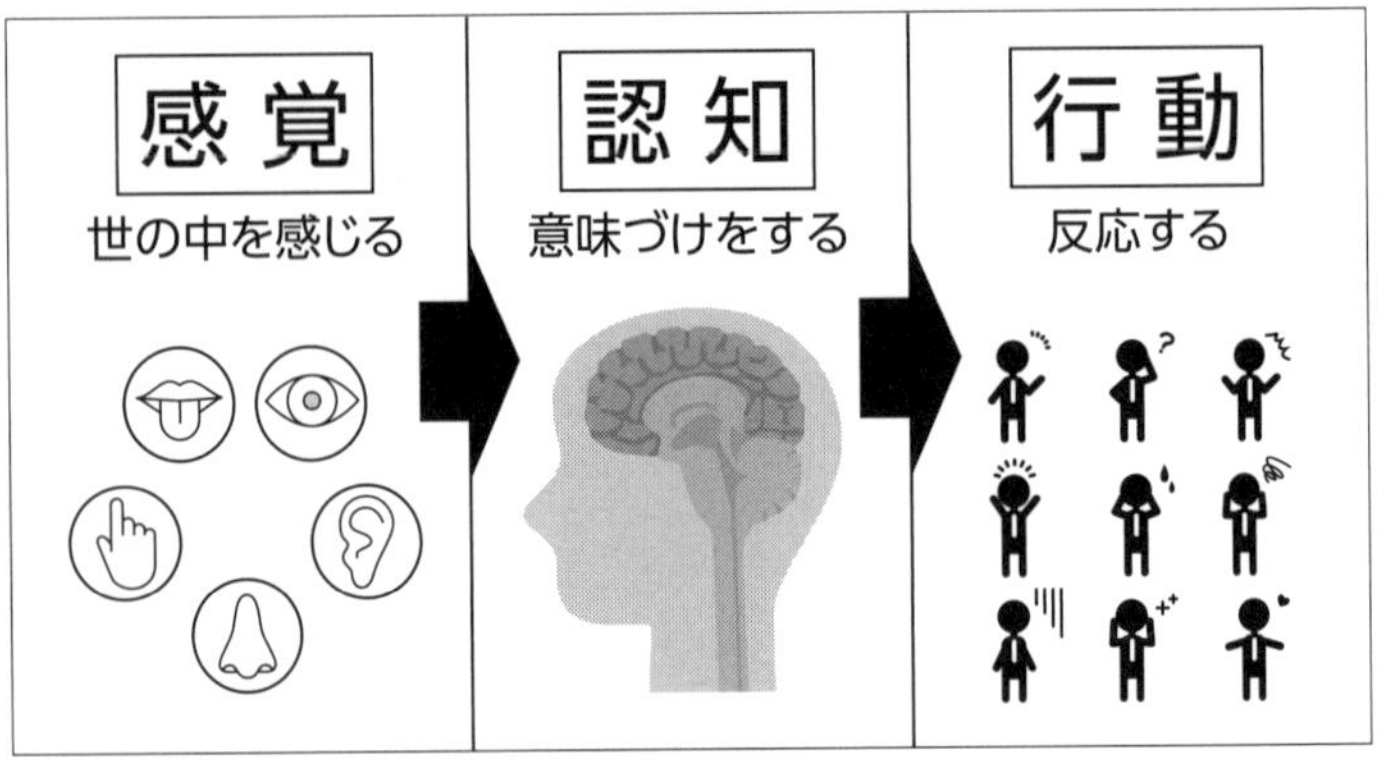

ニズムを見ていきます。

上の図の通り、行動が発生するまでに3つのステップを経ます。感覚、認知、行動です。超重要キーワードなので、覚えていきましょう。

これは、掛け算九九と同じような感じで、何度も繰り返し、もう口で、体で覚えてしまうのがいいと思います。そうでないと、その場での対応ができなくなるからです。

感覚、認知、行動というこの3つの発生原理、ステップがわかっていれば、子どもたちに対応するときにも、この子はもしかして感覚に何か偏りがあるんじゃないかとか、この子は認知のところに何か違いがあるんじゃないかということの「見当」がつけられるようになってきます。

では、順番に一つずつ見ていきます。まず「感覚」です。

感覚というのは、視覚や味覚、聴覚とか触覚のことですね。これは世の中のすべての事象を感じる情報の入り口とも言うことができます。そして大事なのは、この**感覚は人によってバラバラ**だということです。「利き感覚」という言葉をご存じでしょうか。例えば「利き手」はそうじゃない方の手よりも力が出るし器用に扱えますよね。同じように、見たり聞いたり触ったりと、いろいろな感覚がありますが、人によってその情報の扱いに「得意・不得意」があるということなんです。

特に発達に凸凹を抱えているお子さんにとってみれば、必要以上に見えすぎてしまったり、必要以上に聞こえすぎてしまったりします。あるいはその逆で、なかなか聞こえにくかったりとか、見にくかったりとか、感じにくかったりとか、こういったことがあるわけなんです。

そして多くの場合、子どもはそれを言語化することが難しいのです。大人でも難しいですよね。人の感覚と自分がどうズレてるかってやっぱりわかりにくいのです。そして、**自分の感覚が普通だと思っていて、他の人と接する**わけです。

例えば、皆さんはジェットコースターはお好きですか？　もし仮に大好きという方がいたら、その方は結構刺激には鈍感な方だって言われています。けたたましい音だとか、その速さだとか、体にかかるGだとか、あれだけの刺激を入れないと満足しないわけですよね。

反対に、聴覚的な過敏性を抱えているお子さんにとってみれば、例えば教室内の水槽のブーンっていうモーター音がずっと気になることもあるわけです。それも他の人とはまったく違って、脳内で大きくぶわーっと響き渡るように聞こえている子もいたりするわけです。私も似たような感覚を持っていたからよくわかるのです。「時計の針の音が気になってなかなか眠れない」ということが小さいころに結構ありました。そのように「聞こえ方」一つとってみても人によってバラバラなんですね。結局そこから勉強に集中できなくなったり、暴れたり、パニックになったり、飛び出したり、ということが起きることがあるのです。

これは、聴覚や視覚だけではなくて、他の感覚にも言えます。例えば、制服が決まってるんだけども、どうしてもその制服の材質が合わない。チクチクする、ごわごわする、どうしても着たくないっていうような触覚過敏の子どもがいたりします。他にも、特定の食べ物の感触、触感に対して極度の苦手さがある。これは、好き嫌いとはまたちょっと違います。あるいは、特定の匂いがないと落ち着かないという嗅覚過敏のお子さんもいます。こういう鈍感性であったり敏感性といったものが、感覚の一つひとつにあります。「同居現象」といって、その鈍感さと敏感さが両方同居している場合もあるんです。

こういったことを教師は知っておく必要があります。その感覚には過敏性だとか鈍感性があって、もしかしたらこの子はそういう何かを抱えているから、この学習活動だけ参加できないのではないかとか、この場面ではいつもパニックになるのではないかとか、こういったことが当たりとしてつけられる。「見当」とはそういうことです。

そして、視覚過敏といって、例えば、見るところからの情報に選択的注意を向けにくかったり、必要以上に情報を受け取りすぎてしまうお子さんがいたら、例えば情報の少ない場所に座席を移動してあげたり、ディバイダー（情報を遮断してあげるパーテーション）を使ってあげたり、そういった対応が考えられます。同じように、聴覚過敏で必要以上に音が聞こえすぎてしまうお子さんには、ノイズキャンセリングを使ったイヤホンやヘッドフォンやイヤーマフなどを準備することもできます。

繰り返しますが、大切なのは、**感覚の凸凹が子どもにはある**という、この背景のところを知ることがまずは大事だということです。ちなみに、この感覚の凸凹は子どもだけにあるのではなく、大人にも存在することは今までの話を聴けばわかったはずです。凸凹があるにも関わらず何とかやれているのは、自分の感覚のことが自分で理解できていたり、折り合いのつけ方を体得しているからです。でも、子どもたちの多くはそれができない。ここが難しいんですね。

なお、こうした感覚の交通整理ができることを「統合」と表現したりもします。行き交う車を警官が整理することでスムーズに走ることができるように、身体に入ってくる刺激に対して統合機能が正しく働くことで、感覚を整理し、適切に情報を取り入れることができるようになります。しかし、交通整理ができていないと、車はどこを走っていいかわからなくなり、渋滞したり麻痺してしまいます。人間の感覚も同じなんですね。次々にやってくる刺激の強弱を調整したり、受け入れる量を調節することがうまくできないと、混乱状態を引き起こしてしまうんです。

道路における渋滞や麻痺が、人間における「パニック」や「フリーズ」だと変換するとわかりやすいのではないでしょうか。

そして次は、「認知」についてです。感覚という入り口を通って入ってきた情報に、次は「認知」という意味付けがなされます。「意味付け」とは、簡単に言うと、良いとか悪いとか、あるいは好きとか嫌いとかです。これはもちろん、子どもだけでなくて大人もそうです。

先ほどの感覚と同じように、この意味付けのところも人によってまるで違います。凸凹しています。例えば、初対面の人と挨拶をする場面を思い浮かべてもらうと、過去に「初対面の人とも仲良く交流することができた」という成功体験をたくさん積んでる人は、自然とオープンマインドになって、自分から話しかけたりするなど、打ち解けようという行動を起こしやすくなります。これは、「初対面」というものに対して、プラスの意味付けがなされている状態です。

もちろん、まったく反対の場合もあります。初対面だと、ものすごく緊張するとか、ガチガチになるとか、恐怖を覚えたりする人もいるわけです。これは多くの場合、過去に初対面でうまく打ち解けることができなかったとか、傷ついたとか、失敗体験をたくさん積んでいる場合です。

この認知の違いで、行動というのは大きく変わってくるということなんです。

また、例えば学習や学校の先生に対してもそうです。今までの過去の経験の中で、たくさん傷ついたりだとか、たくさんダメージを与えられてしまっている場合は、もうすでにその認知が歪んでしまっている場合があります。誤った意味付けがなされていることがあるということです。

大人のことは信用できない、先生のことも信用できないという意味付けがなされている場合は、その子にはすでに指導とか声かけが入りにくい状態になっています。「大人」や「先生」に対してネガティブな認知がなされているからです。私はこれまでに「学級崩壊」と呼ばれる状態のクラスをたくさん担任してきましたが、その中には「大人不信」や「学校不信」の子どもたちや保護者の方々が多くいました。それも、過去の傷つき体験の多くが、「信じられない」という意味づけを行わせているわけです。

他にも、自分は学習なんてどうせできないんだとか、やったって失敗ばっかりだというような意味付けがなされていると、そもそも学習をしようとしない場合が考えられます。最初のアンケートの中に、「学習意欲がない子」という項目がありましたけれども、ここにも過去の失敗体験が意味づけを偏らせている可能性がありますよね。

そうやって、「感覚」という入り口を通ってきた情報に、「認知」という色付けがなされて、最終的に「行動」を起こします。この現れてくる行動が周囲にとってポジティブなものだった場合は、当然止められたりすることはありません。ですが、これがネガティブだったり、誰かに危害を与えるような場合、これが不適応行動と呼ばれて指導の対象になります。

その指導の対象になる行動はいろいろあります。泣いたり、叫んだり、飛び出したり、抜け出したり、逃げ出したり、パニックになったり、暴言の場合もあるでしょう。他害行動につながることもあるかもしれません。あるいは無気力という形で表出して、まったくこの子は勉強しないな、という形になることも考えられます。

そして、発達の凸凹が強いお子さんにとってみれば、この**行動の選択肢が少ない**ことも往々にして起こりうるわけです。泣くことしかできないとか、あるいは「死ね」って叫ぶことしかできないとか、暴力に訴えることしか選択肢として知らない。こういったことが行動のところでは考えられるということなんです。

こういったメカニズムがわかっていれば、いわゆる不適応行動を見たときに、その子の性格がよくないといった短絡的な発想には絶対ならないですし、その子自体が悪いなんていう考えにも至らないと思います。何があったんだろう、どうしてこの行動をとっているんだろう、もしかしたら認知のところかな、いや、感覚のところかもしれない、となるわけです。

やっぱりこの特別支援の糸口をつかむ「入口」のところで間違ってはいけないと私は思います。どんな子だって、できるようになりたいし、認めてもらいたいし、そういう人生を歩みたいと思っているけれども、自分でもうまく言語化することができない。自分でも修正がなかなかできない。そういう難しさや凸凹などいろんなものを背景要因として抱えていて、そして目に見える「行動」として現れてくるのです。

ぜひ、この感覚、認知、行動の3つの発生原理のところはよく覚えておきましょう。いつでもすらすらと言えるように諳《そら》んじることをおすすめします。

問題児扱いされていたCちゃんの話

一つ具体的な例を挙げるとイメージしやすいかと思います。

私が以前に小学校1年生で担任した一人の女の子。その子をCちゃんとします。

Cちゃんは幼稚園からの引き継ぎでも非常に不適応行動の多いお子さんだと伝えられました。絵本の読み聞かせをしてもそうだし、お勉強でもそうだし、まともに座っていられません。飛び出します、逃げ出します、喚《わめ》きます。幼稚園からは特大の問題児という形で引き継ぎました。

ちなみに、私はこういった引き継ぎを受けたとき（特に問題児とか困った子だという形で引き継ぎを受けたときは）、細心の注意を払うようにしています。一番気を付けているのは、**先入観を取り払うこと**です。私自身もこの子をそういうふうに見てしまってはダメだと常に言い聞かせています。私自身がその子を同じように困った子と見てしまうと、その先入観が「におい」となって「雰囲気」となってその子に伝わってしまうからです。そうして、大切な第一歩目を間違えてしまうことが往々にして起きるわけです。だからこそ、先入観を排することは大切なポイントだと感じています。

さっきのCちゃんに話を戻しますと、その子は先生からだけでなく、友達からもそういう目で見られていました。それだけではありません。周りの保護者の方の間でもその不適応行動が噂となって、参観日のときも不適応行動の姿がたびたび目撃されて、「下の子が生まれてもその子と同じ名前はつけたくない」なんて話すら保護者の間で回ってしまうくらいでした。そういったいろんなものをCちゃんは背負ってきていたわけです。

私が担任するようになって、まずはしっかり見ることにしました。一体どういったところにその子の難しさ、凸凹があるのかを注意深く観察しました。すると、ある傾向がわかってきました。

その子は視覚的な情報をメインにするときの活動、目から情報が入る活動が続くときに、問題行動、不適応行動を起こしがちだということがわかってきたのです。そのことにはっきり気づいたのは、百人一首をやっているときでした。Cちゃんは、そのゲーム自体が嫌いではないにもかかわらず、札を見続けることができない。注視といって、視点を止めてずっとそれを見続けることがとても難しそうでした。目がキョロッと動いている感じがありました。ゲーム自体には興味を持っているのに、なぜ札を見ることを極度に嫌がるんだろうと思ったときに、目に何かあるんじゃないかと、私は見当をつけました。もちろん百人一首だけではなくて、実際に字を書いてみたときの字形の乱れもありました。

そこで、お母さんに最初の懇談会で私は言いました。「今までCちゃんを育ててこられて、何かを見るといった活動や取り組みの中で、難しさを感じたりだとか、不思議に思ったりしたことはありませんでしたか？」と聞いたところ、お母さんは「はい、あります」とおっしゃったのです。

街中を歩いてるときに、大きな字が書いてある看板を指差しても全然視点が合わなかったり、その子はやっぱり見ることについて極度の苦手さだとか、不思議な感じを示していたらしく、お母さんは気づいていたそうです。でも、視力検査ではずっと「A」だったから何の問題もないとお母さんは思っていたそうです。

私は、お母さんのその話に対して、「実は学校の視力検査というのは、ほんの一部の力しか見て取ることができません」と即座に答えました。視力検査は、遠くにある止まっているものを片目で見る検査ですが、そもそも我々は両目で生活していますし、両目で結んだ像を脳に入力して、それを捉えて生活をしています。当然、止まっているものだけではなくて動いているものを見るし、近くと遠く、遠くと近くというように視点も移動します。

だから、視力検査では測れない力がたくさんあるという話から、視覚の検査を行う専門家のオプトメトリストを紹介しました。そうしたらお母さんはすぐ予約なさって、行ってくださったわけです。そして検査結果が出て、即座に学校に「先生、３つもありました」と電話がきたんです。

遠視と乱視と外斜位が見つかり、学校の視力検査ではわからなかった、見る感覚についての凸凹がわかりました。さらに、縦画の多い字の読み取りの難しさがあるが、横画の多い字は結構読みやすいなど、そこまでわかったんです。

そしてその子は、射角の入ったプリズムレンズの矯正用眼鏡をかけて生活するようになって、ビジョントレーニングを積むようになってから、普段の学習の様子が大きく変わりました。当然カルタもできるようになりましたし、文字の読み書きもできるようになって、読み聞かせも以前よりもはるかに集中して聞けるようになりました。

その後、私はこのことを幼稚園との情報交換会があったので伝えました。Ｃちゃんは目が悪かったんですよ、目の感覚のところで３つの凸凹を抱えていて、それを自分でも言語化できなくて困っていたみたいです、という話をしました。そうしたら、幼稚園の先生方は非常に驚いておられまして、「私には気づくことができませんでした」と一人の担任の先生は大変反省しておられるご様子でした。

私はこのことを思い出すたびに怖いなって思います。Cちゃんは、みんなから問題児扱いされて、保護者の間で噂が回ってしまうくらい傷つけられてきたのです。自分の目の感覚の凸凹を誰にも知ってもらえなかったがために。

その子は入学した当初、できないことがあって抜け出したときは、ものすごい目つきで大人を睨《にら》んでました。今までずっとそうしてきたんだなと思いました。見えない世界があることや、視覚の凸凹に気づいてもらえなくて、何度も何度も注意を受けた。それでもできないことが毎日のように続いた。「自分は悪い子なんだ」ってどこか思い込んで、Cちゃんは生きてきた。**行動のところしか見てなかったら、こんな悲劇すら起きてしまう**のです。

感覚、認知、行動というこの発生原理を知っている人が周りに一人でもいてくれたら、なぜこの行動をしてるんだろうと誰かがそこにストップをかけてくれたら、もしかしたらそうはならなかったんじゃないかと、私はCちゃんを担任して改めて思いました。

不適応行動を見たときに、困ったやつだ、問題児だというのではなくて、その発生の原因を突き止めていくことが、我々教育者には可能なのです。

このように「入り口」のところは極めて重要な話なので、Cちゃんの事例を通してお伝えしました。

あらゆる行動は4つに分類できる

ここからは、具体的に目の前のお子さんにどのように対応していけばいいのか、その対応のポイントを実際の事例を通して紹介していきます。

まず、行動には「機能」が備わっていることをご存じでしょうか。皆さんがとる行動には必ず何らかの意味があって、それを成し遂げようとして行動は起きています。

例えば、お腹が空いたのでそれを満たそうとしてご飯を食べるとか、とても疲れたので、ゆったりと体を休めたいなと思って、居心地のいいソファーに体を沈めるとか。これは、すべてその行動に「機能」があると捉えることができます。

同じように、子どもたちがとる行動、それが不適応行動と呼ばれるものであっても、すべての行動には機能があって、それらは大きく4つに分けることができます（この4つは応用行動分析学における「機能分析」の知見を基にしています）。

ちなみに、これも「感覚、認知、行動」と同じように、何も見なくてもすらすらと言えるように、そして、その子どもたちの行動を見たときに、「あ、もしかしたらこれかもしれない」と瞬間的に感じるようになるくらいまで、**血肉化、技能化していくこと**をおすすめします。

①逃避行動

- 目の前のことをやりたくない
- 嫌な活動や場から逃げたい
- 不快な情報が入ってくるのを拒んでいる

②要求行動

- 手元にない○○がほしい
- 活動に参加したい
- 特権を手に入れたい

③注意喚起行動

- 大人の注目を引きたい
- お友達に気づいてほしい
- たくさんの人に認めてほしい

④自己刺激行動

- その活動自体が楽しい
- その活動をしていると落ち着く
- 無意識でしていることも多い

詳しく見ていきます。まず1つ目に、何かを避けようとしている行動、これを「逃避行動」と言います。これは、目の前のことをやりたくないとか、嫌な活動とか、その場から逃げたいとか、不快な情報が入ってくるのを拒むとか、そういったものが逃避、回避行動です。

学校の事例で言うならば、なぜか教室に入ろうとしないとか、特定の授業にはいつも行きたがらないとか、誰かがそこに来ると決まって泣き出したり、逃げ出したりするといった行動が考えられます。これが逃避行動です。

次は、何かを得ようとしている行動。これは3つあります。上の図にもあるように、何かを避けようとしているのは1パターンだけですが、何かを得ようとしている場合は3パターンあるということです。

そして、何かを得ようとしている1つ目が「要求行動」と言います。これは、物とか活動とか特権をほしがる行動です。

例えば、手元にお菓子がないからそれがほしいとか、どうしてもこのシールがほしいとか、この判子がほしいとか、花丸がほしいとか、100点がほしいとか、先生のお手伝いは僕がやりたいんだとか、こういうのが「要求行動」です。

2つ目は、「注意喚起行動」と言います。これは、具体的なものとか特権が手に入るわけではありません。「注目」を集めたい、「私を見て」という行動です。大人の注意を引きたいとか、お友達に気づいてほしいとか、たくさんの人に承認してほしいといった行動が注意喚起行動です。具体的な例で言うならば、授業中に何か突飛な発言、変な発言をして、周りの友達がゲラゲラと笑って、その笑いの中心に自分がいて、なんとなくうれしそうにしているだとか、あるいは自分が何か怪我をしたとか、困ったことがあるようなときに、「聞いてよ。私、最悪なんだけどさ〜」みたいな形で、誰かの注意を引こうとする行動も「注意喚起行動」と見ることができます。

そして、何かを得るパターンの最後の3つ目が、「自己刺激行動」です。自分に対して何らかの刺激を与える行動です。例えば、耳たぶをプニプニと触ったり、顎《あご》だとか髪を触っているみたいなものです。これは、活動とかが手に入るわけでもないし、注目が集まるわけでもありません。でも、指先にプニプニとかすべすべとした感覚が入るわけですね。こういった刺激が自分の体の中に入ってくると、足をぶらぶらとか、手をひらひらとか、そういったことをしていると、手を通して、足を通して、自分の体に何らかの刺激が入ります。こういったことを「自己刺激行動」と言います。

これは、実際の体感覚の刺激だけではなく、誰かと一緒にいる場合に、人から受ける刺激も入る場合があります。その人といると、すごく刺激的な時間が手に入るから、どうしてもその子と一緒にいるみたいな、そういったことも入ります。

これで行動の機能分類がすべて出揃いました。

あるゆる行動はこの4つに分けることができます。

逃避行動への効果的な対応法

それでは、4つの行動分類が終わったところで、具体的な対応方法について紹介していきます。

最初は逃避行動です。何かから逃げたい、避けたいといったような行動が見られるときにどのように対応すればいいのか。

まず大切なのが、その逃避行動が起きた際の**「条件」を探ること**です。一体それはどんな活動のときだったのか、どの時間に集中的に起きやすいのか、その場にはどんなものがあって、どんな人がいて、どんな環境だったのかという条件を確定していきます。これが「当たりをつけていく」ということです。例えば、何かに過敏性があって、とても嫌な情報が入力され続けているのではないかとか、書くことや読むことなど特定の活動が苦手なのではないかとか、だから、あの活動に参加したくないんじゃないか、といったことです。

こういった当たりをつけていくと、じゃあこの方法をとってみましょうかとか、これが違うんだったら次の方法にしてみましょうかとか、いろんな選択肢が浮かぶようになります。そんなふうにいくつかのチャレンジや工夫をしていく中で、あっという間に逃避・回避行動がなくなることを、私は何度も経験してきました。

ですから、この逃避行動が見られるときは、先ほども言いましたが、感覚の過敏性などはないかということをまずチェックしてみることをおすすめします。

もう1つは、LD傾向です。特定の学習活動、例えば「読む」「書く」「話す」「聞く」などで何か特別な苦手さを抱えていないかを見てあげるとよいでしょう。

このように「ああ、これはたぶん逃避行動だな」とわかったときには、次のページの図にもあ

行動	対応
①逃避行動 ・目の前のことをやりたくない ・嫌な活動や場から逃げたい ・不快な情報が入ってくるのを拒んでいる	**●環境調整を行う** ・逃避する際の条件を探る ・過敏性などに配慮し環境を整える ・場にいること、活動に参加すること自体の価値を増やす
②要求行動 ・手元にない○○がほしい ・活動に参加したい ・特権を手に入れたい	**●行動スキルを教えて褒める** ・正しい要求の仕方を教える ・できたときは褒め、できなかったときは確認する ・消去バーストが起きても仕方ないので、じっくり向き合うこと
③注意喚起行動 ・大人の注目を引きたい ・お友達に気づいてほしい ・たくさんの人に認めてほしい	**●低刺激・強刺激対応を使い分ける** ・誤った注目の集め方したときには低刺激で極力反応しない ・正しい形で注意喚起ができたときに強めの刺激で強化する ・日ごろからいろんな場面で多めに声をかけて信頼関係をつくる
④自己刺激行動 ・その活動自体が楽しい ・その活動をしていると落ち着く ・無意識でしていることも多い	**●合法的に刺激を入力させてあげる** ・座学に終始するだけでなく学習作業にバリエーションを持たせる ・学習環境や扱う教材を工夫して代替刺激を入れる道を探る ・教師の対応に頼らずともできる刺激の入力方法を教える

るように「環境調整を行う」ことが有効であることが多いです。環境調整とは、先にも伝えたように、音や光や感触についての刺激を調整してあげることもそうですし、他に「場にいること、活動に参加すること自体の価値を増やす」という方法もあります。

例えば、行き渋りという一つの逃避行動があったときのことを考えてみましょう。この場合、学校という場に対して何らかの価値が感じられていないだけでなく、「家の中」という環境にものすごく強い価値を感じてしまっている場合も少なくありません。

家にいると、お母さんやお父さんに優しくしてもらって、好きなときに食べたいものを食べられて、テレビも見られて、ゲームもできるというような、アミューズメントパーク状態になってしまっているケースが少なからず存在するということです。

どれだけ学校で対応を頑張ったとしても、家にいることの方が心地いいわけですね。だからこそ、環境調整が有効です。私ならば、そういうときはお家の方にお願いをします。学校の時間だけはYouTubeを見ないようにお願いしたり、お菓子なども同様です。例えば「学校にいる友達はね、今みんな食べてなくて、学校でお勉強したり、運動したりしているわけだから、学校の時間中はね、お菓子はなしよ」といった形で環境調整をお願いするんです。

もちろん、家でのアミューズメントパーク状態を解くだけでなく、学校に行くこと自体の価値を高める必要があります。ここで有効なのが、「トークンエコノミー法」というものです。これはいわゆるポイントカードと同じ方法です。例えば、朝、学校に行って先生に挨拶ができたら1ポイント、1時間目の準備ができたら1ポイント、1日中学校にいることができた場合はボーナスで2ポイントなどといったようにしていきます。そして、10ポイント溜まったら何か好きなものがもらえるなど、ご褒美がもらえるようなシステムを作っていくということです。こうなると、学校に行くこと自体が、学校にいること自体の価値が高まっている状態が実現します。ポイントという名の価値がもらえるからです。

そのように環境調整を行い、行動を選択・決定している心の中の天秤を学校の方に傾くようにしてあげると、この逃避行動の一つである行き渋りといった行動があっという間になくなっていくことがあります。そういう事例を私は今まで何度も目にしてきました。

要求行動への効果的な対応法

続いて2つ目の要求行動についてです。この場合は、正しい行動スキルを教えて褒めるといった対応が重要になります（32ページ図参照）。

正しい要求の仕方を知らないから、例えばこれがほしい、あれがほしいとか、なんで先生これしてくれないんだよとか、ものすごく大きな声で自分の要求を通そうとしたりします。あるいは誰かに暴力を振るったりして、自分の得たいものを得ようとしている。これは行動の仕方が間違っているわけですね。スキルが身についていない状態だから、この場合は正しい要求行動の方法を教えてあげる必要があります。

要求自体は悪いことではありません。大人だって、いろんな要求を日常的にしていますよね。要求を通そうとする誤った「やり方」がよくないので、こういうときはこうするんだよという形で教えてあげて、それができたときに褒めてあげるということが大事です。

例えば、子どもと一緒に買い物に行ったときのことを思い浮かべてみてください。お菓子売り場を通過したときに、子どもがお菓子がほしいから「お菓子買ってー！」と泣き叫んだとしましょう。親御さんは「そんなにおっきい声出さないで」と言いつつも、子どもが泣くもんだから、しょうがないと思って、親御さんがその子にお菓子を買ってあげたとします。お菓子が手に入った瞬間その子はケロっと笑顔になって家に帰っていきました。この場合、**この子は一体何を学んだと思いますか。**

そう、この一連の行動の中で、「泣き叫んだらお菓子を買ってもらえる」と学んだわけです。こうして誤った要求、行動スキルが身についてしまうわけです。本当ならば、そんなふうに泣きわめかなくたって、要求を伝えることができるし、行動をとることだってできるわけです。でも、この方が手っ取り早く自分の要求が通ることを学んでしまったわけです。

それでは、この子に正しい対応スキル、行動スキルを教えるにはどうすればいいでしょうか。

また別の日に買い物に行ったとして、その子は前回のことを覚えていますから、また泣き叫びます。「買って買って！」と言い始めます。このときに大切なのは、**誤った要求行動には取り合わない**ということです。そして、「そんなふうにおっきな声で泣き叫ぶんじゃなくて、私と同じくらいの声で、『このお菓子を買って』って言ってごらん」と伝えます。つまり、誤った行動には取り合わず、正しい行動スキルを教えるわけです。正しい行動ができていないのならば、お菓子は決して買ってはいけません。なぜなら、その要求行動がまた強化（心理学用語でその行動が増えていくこと）がされてしまうからです。

もしできないんだったら、泣いたまま連れて帰るのが正しい対応になります。そして、次に行ったときに、泣かないで「これ買って」と正しい音量で、正しい言葉で伝えられたときに、「そうやって言ったらいいんだよ」とにっこり微笑んで、何ならギュッとしてあげてもいいですよね。そうやって適切な方法を強化してお菓子を買ってあげるとすると、その子は学びます。「泣き叫んでも買ってもらえない。適切な音量で、適切な言葉で伝えることが大切なんだ」ということを学んでいくわけです。

この買い物の例と同じように、子どもたちは学校で日々いろんな誤学習をしています。これは「隠されたカリキュラム」という意味でヒドゥンカリキュラムとも呼ばれたりもします。こちらは教えていないのに、体験的に学びとってしまうんですね。例えば、暴力を振るえば自分のものが増えていくとか、大きな声で授業中にわっと叫べば先生がそこで対応してくれて自分の要求が通るみたいなことがあります。

だから、子どもたちは「正しい」とか「誤っている」など意識するしないにかかわらず、体で覚えてしまっているわけなんです。これを剥がして適切な行動スキルを教えていくのはなかなか難しいでしょう。それが長い間続いていればいるほど難しいです。ものすごい剣幕で怒ったり、信じられないほどの大声で泣き叫んだりすることもあるでしょう。

これを「消去バースト」と言います。先ほどのお菓子売り場の事例で言うならば、「前は買ってくれたのになんで買ってくんないの!!」という状態です。学校で言えば、「前は先生オッケーだったじゃん!!」といったことです。

正しい行動スキルを教えてあげるためには、この消去バーストも乗り越えなくてはいけません。だから、学校であれば、「申し訳ないんだけれども、あなたの要求に対応することはできない」と毅然と伝えることが大事です。そして同時に、正しい対応スキルを伝えてあげます。先ほどの例であれば、「適切な音量で適切な言い方で伝えたときに、お菓子を買うかどうかを考え始めるかもしれないね」と。こちらがその状況をコントロールしていることを冷静に伝えてあげるわけです。主導権をこちらが握っておかなくてはダメです。**主導権という手綱を決して放してはいけません。**そのためにも、毅然とした対応で正しい行動・スキルを教える必要があります。

そして、仮に正しい行動ができなかったときは、「こういうときってどうするんだっけ?」と確認してあげればいいのです。そして、「今回は残念ながらできなかったけど、次回できるようになったら、この要求は叶うかもしれないよ」と言って、できたときに褒めてあげます。すると、この行動が強化されます。消去バーストが次第になくなって、正しい行動スキルが身についてくると、誤った要求行動はどんどんと姿を消していきます。

そのうち教室がすごくしっとりとしたいい雰囲気に、柔らかい空気になっていくわけです。今まで力で通していた要求行動がなくなればなくなるほど、教室は優しい空気になっていくのです。

おさらいします。要求行動の不適切さ、誤った行動スキルを学習している場合には、正しい行動スキルを教えて、できたら褒めること。そして、できなかったときは確認すること。これにつきます。消去バーストが起きても仕方ありません。今までの時間が長ければ長いほど、この消去バーストは強いこともありますが、それでも根気強くじっくり向き合っていくことが大切です。

注意喚起行動への効果的な対応法

続けて、3つ目の注意喚起行動への対応法を紹介していきます。

注意喚起行動の中でも不適応行動になってしまうパターンとしては、先ほどもお話しした通り、例えば授業中に先生に反発だとか、反抗的な態度をとってみんなから注目を集めようとしたりだとか、突飛な発言や行動をして笑いを自分に集めようとしたりだとか、こういった形で授業を中断したりするなどが考えられます。

このときにとても大切なのが、**「低刺激」と「強刺激」の対応を使い分けること**です。前の32ページの図にも書いておきましたが、誤った形で注意を引きつけよう、注目を集めようとしている子たち、あるいはそうしてきてしまった子たちに対して、先生方がやりがちなのが「指導」という形での別の注目を当ててしまうことです。

どのようなパターンかというと、「やめなさい」とか「いい加減にしなさい」「何をしてるんですか」とか、強めの刺激で指導をしてしまうことです。これは叱られている子どもたちにとってみれば嫌なのかと言えば、そうではありません。注目を集めようとしている子たちにとってみれば、むしろうれしいのです。思うツボなわけです。自分は注意されているけれども、みんなから注目されてるというように「報酬」を得てしまっています。いわゆる「悪目立ち」という言葉を思い浮かべるとわかりやすいかもしれません。注意されているんだけども、お説教を受けているんだけれども、へへへっと小さく舌を出して笑う形で、むしろそのことが心地よい快入力になってしまっている場合には、決してこの行動はなくなっていかないわけです。むしろ注目が集まれば集まるほど、その行動はどんどん強化されていってしまう。負のループが起きてしまうわけです。

だからこそ、最初にお伝えした通り、「低刺激」と「強刺激」という対応を使い分ける必要があります。この刺激というのは、先生からの注目の当て方の強さです。

さきほどの「やめなさい」とか「いい加減にしなさい」などは、「強刺激」なわけです。

これに対して「低刺激」というのは、言葉の熱を落としたりとか、言葉の量を減らしたりとか、そもそもそちらに目線を合わせなかったり、どんどんとノーリアクションの方に傾けていくことです。

「ポジティブノーリアクション（意図的な無視）」という言葉はご存じでしょうか。その行動を減らすためにあえてノーリアクションを貫くといった意味合いが込められている言葉です。このポジティブノーリアクションをきちんと使い分けていくと、誤った注意喚起行動というのはどんどんと減っていきます。つまり、「取り合わない」ことが大切なのです。

取り合わない低刺激というのは、いろんな方法が考えられますが、こくんと1回頷くだけとか、淡々と「わかりました」などです。私の場合は、手で制したり、言葉すら発さないです。本当にノーリアクションの場合もあります。そのまま授業を続けるということです。

授業自体が面白ければ面白いほど、そういった誤った形で注意喚起をしようとする子どもの行動というのは、周りから白い目で見られるようになります。「いちいち止めないで」という形になっていくわけです。

だから大切なことは、授業を知的で面白いものにしていくということと、誤った注意喚起をしようとしている子どもたちに対しては、極力低刺激、できればポジティブノーリアクションで取り合わないということです。

そして、正しい形で注意喚起ができたときには、強めの刺激を入れてください。ここが大切です。**誤った行動には低刺激、正しい行動には強刺激**です。強刺激だと強化されます。なぜかというと、その子たちが求めているのは注目だからです。例えば、手を挙げずにいきなりいつも発言をして注意を受け続けている子どもがいたとしましょう。授業の中では、発言したいときには手を挙げるというルールがあったとして、その子が手を挙げずに発言しているときには、基本的には取り合いません。でも、手を挙げて「質問です」とか「言いたいことがあります」と言ったときには、「そう、そうやって発言するのが、この授業の中で賢くなっていくってことなんだね」という形で強化してあげます。すると、注目を集めたい子の不規則発言はどんどん減っていきます。注目されたいからです。そして、手を挙げて発言するといった行動が強化されていきます。

このような形で、低刺激と強刺激の対応を使い分けること。とりわけ大切なのは、**ポジティブノーリアクションといった対応をいろんな形で使うこと**です。目線で制したり、ハンドサインで応じたり、こういった低刺激の対応をいくつも身につけておいて、その場で使いこなすようにしてください。

もっと言いますと、注目・注意を集めたいと思っている子は、基本的にそういった欲求が高い子なので、授業以外のところでも同じように対応するといいです。例えば、朝一番で会ったとき、廊下ですれ違ったときに、私は何気ない会話をしながら、ここでも「注目」を多めに当ててあげます。こんなふうに、注意喚起の欲求が高めの子には多めに声をかけてあげる方がいいです。そうやって普段からよく喋って、信頼関係がある状態であれば、なおさら低刺激の対応が上手に入るようになります。

無視されたとかじゃなくて、「あ、これまずいんだな。いつもにこやかに話してくれる先生が取り合ってくれない」と感じてくれます。

つまり、注意喚起行動への対応方法としては、誤った行動には低刺激、正しい行動には強刺激、そして日頃からいろんな場面で多めに声をかけて信頼関係をつくっておくことが有効打になりやすいということです。

自己刺激行動への効果的な対応法

最後の自己刺激行動への対応法についてです。自己刺激行動は、感覚のところでいろんな凸凹があって、その刺激なしには成り立たない、安定しない、落ち着かないという場合に起こることがほとんどです。

ですから、この刺激を入れさせるのをやめさせるといった方法ではなくて、**〝合法的〟にその刺激を入力させてあげる**といった対応が重要になります（32ページの図）。つまり、刺激をなくすのではなくて、この教室の中の環境だとかルールだとか仕組みだとかをデザインする中で、合法的に刺激を入力させてあげる方法を覚えさせてあげるということです。

例えば、足をぶらぶらしたりだとか、そわそわしているお子さんがいたとして、一昔前はちょろちょろするなと注意されたものですが、今はこういったところにちゃんとエビデンスが追いついてきています。２０１５年のアメリカのセントラルフロリダ大学の研究にある「Kids with ADHD must squirm to learn, study says」で明らかになったこととしては、ＡＤＨＤのお子さんには学習中に動きを伴わせる必要があり、それによって脳が安定していくというエビデンスがすでに出ています。その子たちは、ぶらぶらさせることによって、脳に安定をもたらし、集中しようと頑張っているわけです。

にもかかわらず、そういった動きを制してしまうと、別の形での障害、二次障害が生まれてしまったり、関係が崩れて反抗的になってしまったりという別の形でのリスクが生まれてしまいます。

もちろん、ＡＤＨＤのお子さんだけではなくて、学習中に動きや作業を取り入れることは、すべての子どもたちにとって有効な対応法です。なぜかというと、動きがある学習になると、ワクワクとか集中の素であるドーパミンという神経伝達物質が脳内に分泌されるわけです。ですから、ずっと座学で45分静かに座りっぱなしではなくて、合法的に動ける仕組みをつくっていくことが大切です。

例えば、音読をするときに「立って読む」という活動を組み合わせることができます。「２回読んだら座って読み続けます」とするだけでも、「立つ」「座る」という動きが伴います。また、算数の問題が4問あったら、「全部できたら先生のところにノートを持っていらっしゃい」というものもあります。これをすると授業中に「歩く」という動きが合法化されます。他にも、ノートに書いたり、黒板に書いたり、話し合ったり、ハイタッチをしたり、拍手をしたり…。こういった形で、いろんな学習作業を組み合わせてバリエーションを持たせることによって、合法的な形で「動く」という感覚刺激を入力させてあげることが可能です。

もちろん、こういったことは、学習の仕組みやデザインだけではなく、教材の力を借りたりすることでも可能です。センサリーツールという感覚刺激の道具があります。手でニギニギしたりとか、足でぐいぐい押したりだとか、こういったことをしながら学習に向かうことができます。中には、「噛み癖」をフォローするための感覚刺激具もあるほどです。Amazon等でも「感覚刺激グッズ」と検索するだけで山ほどのアイテムが出てきます。ぜひ一度試してみてください。また、座る素材一つとってみても、ビーズクッションを置いてあげたりだとか、バランスボールに座らせてあげたりだとか、そういった形で刺激を入れながらだったら学習に集中することができるお子さんたちがいます。先日アメリカとカナダに教育視察に行ってきましたが、どちらの国の公立校も「座る素材」一つとってみても数種類学校に揃えてありました。特にカナダの学校には、地べたに座りながら学習できる机なんかもありました。子どもたちはそうやって自分に合った素材を選び必要な刺激を入れながら学習をしているんですね。

子どもたちがちょろちょろしている、落ち着きがないといった場合、一体なぜこの行動をしてるんだろうという背景を探っていく方向に舵を切ると、こういったことが見えやすくなってきます。

これで、4つの機能分類のすべてに対する効果的な対応を紹介してきたことになります。

行動を数える・増減を記録する

ここまで、行動がどのようにして起きるのか、感覚、認知、行動という3ステップをご紹介しました。さらに、実際に起きた行動の機能は4つに分類されることも解説しました。この3つの発生原理と4つの行動機能分類がわかるだけで、子どもたちの不適応行動の見え方は一変すると思います。今までひたすら、なんでこの子はこんなことするんだろうとただ困っていたものが、もしかしたら感覚のところに何か凸凹があるんじゃないだろうかとか、この子は今こういう要求を通そうとしてこれをやっているのではないかとか、このように当たりがつけられるようになっていきます。

すると、あとはその**不適応行動が減っていくか増えていくか**。ここですね。何らかの見当をつけて対応してみる。そしてその行動が減っていったならば、行動改善がなされていっていると見ることができます。その行動がまったく変わらなかったり、あるいは増えていったりする場合は、それは見当違いだったということです。**失敗というより「こっちではなかった」という発見があった**ということです。そうやってトライアンドエラーを繰り返していくうちに、見当のつけ方もうまくなっていきますし、必ずどこかで「あ、これだ」とヒットする瞬間がやってくるわけです。

そうやって、不適応行動の数の増減を見て取ることができるというのが次のステップになります。ここで大切なのが、行動を数えるというスキルです。例えば、職員会議だとか特別支援のケース会議などで、A君は暴力的だとか、Bさんは落ち着きがないといった形で、情報が共有されたりすることがあるわけですが、**数えられない行動で報告されることが多い**のです。

暴力的とはなにか、行動としてはっきりしていません。落ち着きがないというのも、やっぱり行動がはっきりしていません。こういったことは、私たちの情報交換の中でもありがちです。

数えられていない行動は、増えているのか減っているのか、見て取ることができません。だから、行動を数えられるかというのが大事になります。

これはＩＢＳＯテストというもので調べてもらったら詳しくわかります。それが数えられるか、そして具体的か、それから、それ以上に分けられないかということです。そこまで究極に分けて、はっきりとした行動としてカウントできるかどうか。例えば、先ほどの暴力的かどうかというところで言うと、A君は友達を7回叩いたとか、A君は4回消しゴムを投げたとか、これであれば「暴力的」とは違ってカウントができます。7回叩いたのが3回になったら、これは減ったということです。4回投げていた消しゴムが0回になったら、これも減ったんです。増減がカウントできるわけです。こうして初めて、不適応行動が改善できたかどうかという物差しを私たちは獲得することができるのです。

我々は、そういった行動としてカウントできないような指示をたくさんしています。仲良くしなさい、邪魔しちゃダメでしょ、片付けしっかりやるのよ、きちんとやりなさい、といった指示をしてしまいがちです。

仲良くするって、どういう行動を指すのかわかりません。しかも数えられません。「はい、今1回仲良くしました」「はい、7回ちゃんとできましたね」といってカウントできません。

ケース会議などの共有の場でも、そうやってカウントできないような具体的ではない行動について普通に話題にのせてしまっているということなのです。行動としてカウントができるようにする。具体的で数えられて、それ以上に分けられないぐらい客観的なものとして捉えられるようにする。そして、その行動が減っていったりすれば、行動改善がなされたとはっきり報告もできます。共有もできるということです。Cさんは今週5日間のうち3日間学校に来ることができ

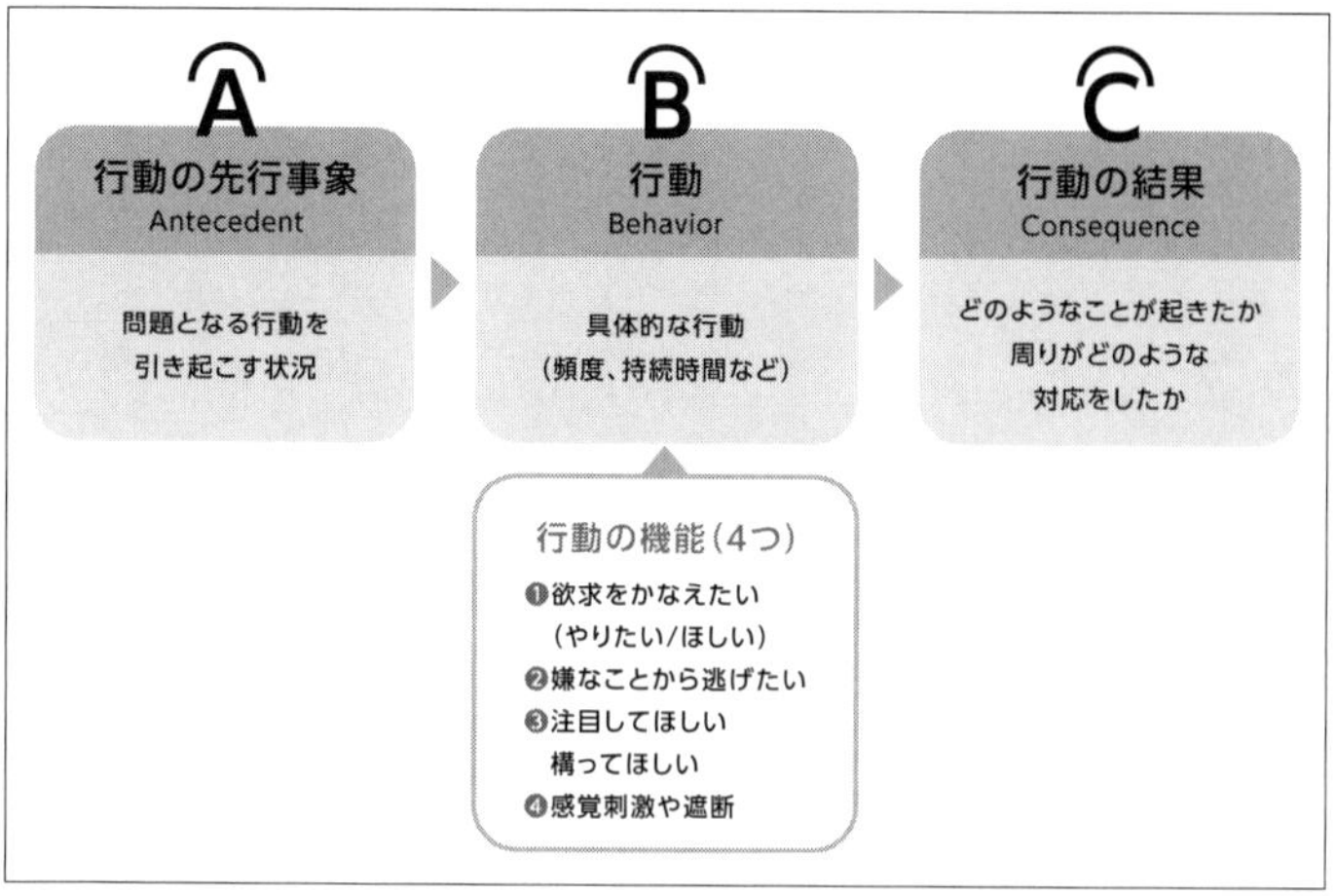

た。その前の週は2日間学校に来ることができ、その前の週は4日間学校に来ることができた。朝から学校に来られなかった曜日は全部火曜日だったね、となるわけです。その火曜日は1時間目の1番最初にこの活動が必ず入っていたとか、こういった条件が確定してくると、これ逃避行動じゃないかと、当たりがつけられるようになってきます。

そして、その行動を分析するにあたって有効なツールの一つが、ABC分析です。

先行事象と行動と結果の3つを見るものです。ABCは、antecedentのAから始まる単語。これが先行条件です。行動がBehaviorなのでB。そして結果がConsequenceなのでCです。ゆえにABC分析と言います。問題となる行動を引き起こす状況の前には一体何があったのかという先行事象を見るのがA。具体的な行動としてのB。そして、その結果何があったか、何が得られたか、周りがどのような対応をしたのかというのがCです。

このＡＢＣ分析が校内全員でできるようになると、より行動の要因分析がしやすくなるということになります。ですから、これはぜひとも校内研修や、特別支援研修などで扱って、先生方の共通言語にしてもらいたいと思います。

校内全員がこれを使うことができれば、感覚的に、感情的に、場当たり的に対応することが相対的に減っていきます。あの子は暴力的だとか、この子は問題児だみたいなことではなく、Ａ君は、今までは集中して席に座っていられる時間のマックスが5分でしたが、今は15分までそれが伸びた。この教材を使ったときから、あるいはこの対応を始めたときからそういった行動改善が生まれてきた。今はまだ30分は離席があるが、この対応に一定の効果が見られるので、しばらくは続けていきましょう、ということを、お互い話し合い、共通見解として持てるようになります。すると、きっと、行動改善が加速するはずです。

ＡＢＣ分析はすべての不適応行動に使えますので、これもぜひ技能化してもらいたいと思います。まずはその行動が起きる前に、どんな条件が揃っていたのかを具体的に書き出してみます。そして、その行動に主観を挟まず、できるだけ客観的に数えられる具体的な行動に書き換えます。そしてその結果どうなったかまで記録します。あとは行動の機能分類の４つのうちどれか当たりをつけて対応法を考えていきます。この繰り返しです。必ずどこかでヒットします。すると、行動改善がなされていきます。その行動改善がなされた対応を先生方で共有していけば、学校全体としての学習環境がより整っていくわけです。

これらはいずれも、私が日々の学級経営や学習指導を行う上で毎日のように行っていたことです。そして、そのほとんどは意識せずに行っていました。ＡＢＣ分析、行動の発生原理でいちいち考えるわけではなく、利那に体が動く、とっさに反応するという感じです。そのくらいまで技能化して、体に染み込んでいる状態にしていくことが、この特別支援対応を学ぶ上で、私は本当に大事なことだと思っています。

さらに、ＡＢＣ分析が難しい場合のために、今回はもう一つ有効なツールを紹介しておきましょう。これは「行動動機診断ツール」と呼ばれるものです。次の図のＭＡＳ（Motivation Assessment Scale）（V．M．デュランド&D．B．クリミンス，1992）を見てください。こちらは、東京学芸大学の小笠原恵教授によって日本版として制作されたものです。『東京学芸大学 特別支援科学講座 小笠原研究室』からダウンロード可能です。

これは対象となる行動について16の質問に回答する中で行動の機能が見えてくるというものです。回答のポイントが数値化されて出てくるので、機能分析が劇的にしやすくなるんですね。これは現在私が大学院で臨床心理学を学ぶ中で発見したものですが、現在は国内の各自治体で活用しているところも増えてきているようです。ＡＢＣ分析がうまくいかないときは、ぜひこちらの

ワークシート2：(MAS)　　MAS (Motivation Assessment Scale)

氏名：＿＿＿＿＿＿　記入者：＿＿＿＿＿＿　日時：＿＿＿＿＿＿

お子さんの＿＿＿＿＿＿という行動についてお答え下さい。一つの行動に1枚ずつご記入ください
各質問の該当する箇所に○を入力してください。

	ない←						→ある
	全く	まずない	めったに	時々	たいてい	ほとんど	いつでも
1. その行動は、例えばお子さんが2,3時間一人ぼっちで誰からも相手にされないと、繰り返されますか							
2. その行動は、お子さんが難しいことを要求されると起こりますか							
3. その行動は、お子さんが自分に話しかけられてもらえない場合に起こりますか							
4. その行動は、おもちゃや食べ物が欲しいとき、人に何かをやってもらいたいとき起こりますか							
5. その行動は、お子さんの周囲に誰もいないとき、長時間にわたって繰り返されますか							
6. その行動は、お子さんに対して何か要求が出されたときに起こりますか							
7. その行動は、お子さんへの注目をやめてしまうと起こりますか							
8. その行動はお子さんが好きなおもちゃや食べ物を取り上げられたり、やってあげていることをやめてしまうと起こりますか							
9. お子さんが、その行動をやっているとき、楽しそうですか							
10. その行動は、お子さんが誰かに何かをさせられそうになったとき、その人を困らせたり、いらだたせようとして起こりますか							
11. その行動はお子さんが自分に注目してもらえないとき(関っている人が自分と離れて座っていたり、他の人に関っているとき)、起こりますか							
12. その行動は、お子さんが欲しがるおもちゃや食べ物を与えられたり、して欲しいことをやってもらえるとすぐにおさまりますか							
13. その行動が起きているとき、お子さんは機嫌がよく、周囲で起こっていることに無頓着のようですか							
14. その行動は、関ってくれる人が何かを要求することをやめるとすぐにおさまりますか							
15. その行動は、お子さんが関ってくれる人を自分のそばに引き留めておこうとして行われるように見えますか							
16. その行動は、お子さんが自分の思い通りにならないときに起こりますか							

お子さんの＿＿＿＿＿＿という行動についてのMASの採点結果

	感覚要因		逃避要求		注目要求		物や活動の要求	
	1.		2.		3.		4.	
	5.		6.		7.		8.	
	9.		10.		11.		12.	
	13.		14.		15.		16.	
合計＝								
平均点＝								
順位＝								

(注)営利目的での使用は控えてください。研究等に利用する際には出典を明記してご活用ください。

出典：Durand, V. M. (1990). Severe behavior problems: A functional communication training approach. Guilford Press.

診断ツールを活用してみてください。ただし、これはあくまで一つのツールであるので、専門家の診断や治療に代わるものではありません。診断結果が正しいかをしっかりと精査し、個々の状況に応じて、適切な助言を受ける必要があることもお伝えしておきます。

最後にどうしてもお伝えしたいことがあります。どれだけこの知識を巧みに活用することができたとしても、鮮やかに機能化されていたとしても、まるでこの対応が入らない場合だとか、逆効果になってしまう場合があるということです。

それは、最初のところに話が戻ります。感覚、認知、行動という行動の発生原理がありました。その認知のところで、良い悪いとか好き嫌いといったことを意味付けして行動を発動させていると話をしましたが、あなたは子どもたちからどのようにして認知されているかということが、実はすべての教育において、根幹となる最も重要なことなんです。なぜならば、**認知のところですべての情報に必ず色付けがなされて、そして行動が起きるから**です。

私は今までに学級崩壊したクラスを何度も何度も担任してきました。その荒れたクラスというのは、前の担任の先生との間に、信頼や尊敬といったものが壊れていました。これは、すべての崩壊クラスに見られたことです。端的に言うと、その先生のことを嫌いになってしまっている状態だったのです。

子どもの目線で考えなくとも、大人の目線で考えてもきっとわかると思います。自分にとって大嫌いな人がいたとします。上司でもいいし、先輩でもいいし、同僚でもいいし、顔も合わせたくないぐらい嫌いな人がいたとして、その人からあなたはどんなことをされたとしても嫌だというふうに色付け、意味付けをすると思います。だって、顔も見たくないんですから。「近寄らないで」「話しかけないで」となるのが普通だと思います。このことは、子どもたちでも当てはまるということです。認知のところで色付けがなされるというのは、「大嫌いな先生が言っている言葉」という意味付けになるということです。全然尊敬していない先生が何か言ってきているな、となるわけです。

すると、どれだけ言葉を尽くしたとしても、効果的な対応をしたとしても響かないですし、なんなら逆効果になってしまうことだってあり得るということです。先ほどのABC分析に照らして言うならば、Aの先行事象のところで、大嫌いな先生が近づいてきたとか、顔を見るのも嫌な人が話しかけてきたとか、まったく尊敬できない大人が注意してきたといった先行事象になってしまったら、Bの行動もその意味付けに対応したものになります。

だからこそ、**あなたが子どもにどう認知されているか**ということがすべての根幹なのです。「この先生が言うならば」というほどの信頼や尊敬が得られていたとするならば、どういった指導でも響きやすくなります。

だから、ここの認知されているところ、信頼や尊敬を勝ち得ているかというところを、教育に携わる大人は突き詰めて考える必要があります。

最高の先行条件たれ（信頼・尊敬される先生の特徴ベスト5）

ここからは信頼や尊敬を得やすい、指導が響きやすい先生の条件、特徴を5つ挙げていきます。

それではさっそく紹介していきます。その1つは「褒め上手」であることです。この先生は学級経営がお上手だなとか、本当に毎年いい学級をつくられるなと思う先生は例外なく褒め上手でした。

少し具体的に言うと、喜び上手だったり、驚き上手だったりするわけです。子どものがんばりに対して、「そのくらいできて当たり前だよ」「大体それぐらいできるよね」というような冷めた目線ではなくて、「わ！　ここまでできたか！」と喜べたりとか、「えー！　ここまでできたの！」という形で驚けたりすることです。

何年も教師をやっていて、経験が増していろんなことに見通しが立っていたとしても、その子の変化や成長をきちんと見て、素直に喜べたり驚けたりする人は、やはり信頼や尊敬を集めやすいだろうと思います。そしてシンプルに好かれやすくなります。そういった先生は学級経営も安定していきやすいです。

2つ目は、「話が短い」ということです。あるいは、「端的ですっきりしている」と言っていいかもしれません。

発達障害のあるお子さんが大きくなって成人した後に、その子たちにインタビューをした話を聞いたことがあります。「どんな大人が苦手ですか?」という質問に対しては、話の長い人とか、たくさんのことを一気に伝える人とか、長い説教をする人といった回答がありました。そういう人の顔を見るのも嫌だという答えが返ってきたようです。反対に、「どんな大人を信頼できますか?」という質問に対しては、短くわかりやすく伝えてくれる人とか、短く叱ってくれる人といった答えが返ってきたということでした。多くの人の回答に共通していたのが、「話の短さ」だったと書いてあるわけなんです。

発達障害のあるお子さんとか、発達の凸凹の大きいお子さんというのは、ワーキングメモリーが少ない、一時的に脳の中に情報を残しておくことが苦手だということが特徴として挙げられています。だから、この話の短さというのは、一つのプレゼントでもあるわけです。私はこれは大切な条件だと思っています。

そして、3つ目に大切なのが、「叱るときに叱ってくれる人」。これは私の友人である中学校の先生が、校内でとったあるアンケートの中で第2位の回答だったのです。「信頼できる先生ってどんな先生？」と聞いたときに中学生が答えたもので、反対に嫌いな先生ランキング1位は「すぐ怒る先生」らしいです。

紙一重なんでしょうね。叱るときに叱れる先生というのは、おそらく叱るときに叱れない先生が結構いるといったことの裏返しなんじゃないかと思います。

そして、その叱れない背景にはきっと嫌われたくないとか、保護者からのクレームが怖いとか、自分は人気者でいたいといった気持ちがあるからなんじゃないかと推察できるわけです。やっぱり教わっている方は、叱るときに叱ってくれる先生の方が信頼できるのです。

そして4つ目が、日頃から子どもたちと「言葉のキャッチボールをよくしている」こと。これはつまり、先生自らよく話しかけているし、あるいは子どもたちの話をよく聞いているといった、「ラリーをたくさんしている」ということです。

これは授業中だけに限りません。むしろ、それ以外の時間ですれ違ったときにも何の気なしによく話しかけているし、話を聞いているということです。

先ほどの叱るとか、あるいは褒めるというのは、だいたい何か変化が起きたときにする関わりのことです。何かができて褒めて、何かができなくて叱るという図式だと思いますが、この何の気なしの言葉のラリーというのは、相手に何か取り立てて変化が起きているわけではありません。つまり、無変化状態での関わりであるわけです。

ここでの会話というのは、いわゆる家族の会話とも似ていると思います。家族の間では、普段何気ない会話をたくさんすると思います。これと同じです。何気ない会話ができるのは、「貴方のことを大切に思っているよ」という隠れたメッセージを、言葉にせずとも伝えることができます。

そして、最後の5つ目は究極的にシンプルですが、「明るい」ということに尽きると思っています。

やはり、暗いとか、影があるとか、そういう人のことを子どもたちは好むかと言えば、なかなか難しいです。突き抜けるように明るかったり、どこまでも励まし続けてくれたり、温かく応援してくれたり、そういう明るい先生のことを子どもたちは好きになりやすいんです。ここはシンプルですが、とても大切なことだと私は思います。

というわけで、最高の先行条件たれということで、子どもたちから尊敬や信頼を集めやすい、つまり好かれやすい先生の特徴の大きな5つを挙げました。目の前の子どもたちにとって、あの先生が言うんだから僕もがんばろうと思えるような、そういう先生になれるかどうかは、日々の関わりこそが大切であると伝わればうれしいです。

「信頼」と「尊敬」を得るには

子どもたちにとって、最高の先行条件になるための特徴についてお伝えしてきました。褒め上手・驚き上手であり、よく自分のことを気にかけて話しかけてくれて、一方、必要な「ここぞの場面」では叱ることができて、言葉が端的で人柄が明るい。こういう人は、別に教員という仕事にかかわらず、すべての場面で多くの人の尊敬や信頼を得やすくなります。

この「信頼」や「尊敬」について、もう少し掘り下げた話をしていきましょう。

その人の話を聞いてワクワクしたり、一緒にいるだけで安心感を覚えたり、そんなふうに何らかの感情の動きが起きている場合は、脳の中でもある変化が起きています。具体的に言うと、脳内で神経伝達物質が放出されているということです。

やる気が生まれたり集中力が高まっているとき、脳の中ではドーパミンが分泌されています。安心感や癒やしを覚えているとき、脳の中ではセロトニンが分泌されています。これらは、薬やサプリに頼るだけでなく、「人との関わり」によってももたらされることがわかっています。大きく5つあり、これらをまとめてドーパミン5やセロトニン5と呼んだりもします（元倉敷市立短期大学の故・平山諭氏が提唱したものです）。

まず、セロトニン5から解説します。セロトニンというのは、簡単に言うと安心感を与える、癒しを与える対応によって脳の中で分泌されるものです。

発達に特性のある方だとか鬱《うつ》傾向の方は、このセロトニンが分泌できるようなサプリや薬などを使っていたりしますが、特に不安傾向の強いお子さんにはこのセロトニン対応が有効です。もちろん不安傾向が強くなくとも、すべての子どもたち、あるいは大人に対しても、この癒やしを与えたり、安心感を与えたりするセロトニン対応は非常に重要です。安心させてくれる人、癒やしを与えてくれる人に「信頼」が集まったりするのはごくごく自然なことですよね。

先ほども言いましたが、投薬やサプリに頼らなくとも、人との関わりの中でこのセロトニンを分泌させていくことができます。それは大きく5つあります。そして、ここまで「技能化」というキーワードを何度もお伝えしてきた通り、このセロトニン5も、何も見ずともすらすらと言えることが大切です。なんなら無意識にそれが使えるくらいまで技能化していくことが大切だと考えています。

それでは順番に見ていきます。覚えるときに有効なのが、頭文字だけを取ってゴロ合わせのようにして覚えることです。

5つなので、「ほほはさみ」と覚えるといいです。彼氏が、彼女のほっぺを手で挟んでる状態を思い描いてみてください。ツンデレ系の彼氏を思い浮かべたらいいかもしれませんね。彼女は間違いなく癒やされているじゃないですか。そういった彼女の姿を思い浮かべると、セロトニン5と覚えやすくなると思います。

最初の「ほ」は「褒める」です。先ほどのテーマでも触れましたが、褒めることが上手な方というのは、学級経営も上手ですし、この特別支援教育の対応もお上手だと考えています。そして、このセロトニンは、褒められた瞬間に分泌されます。自閉傾向のお子さんや、アスペルガー傾向のお子さんに対応するときに、これを使わない手はありません。

そして、この褒めるポイントはどこかというと、実は目なんです。褒めるのが上手な方は、目の周りの眼輪筋がよく動きます。目を見開いて大きく驚いて褒めたりだとか、細めてにっこりと喜んであげたりできます。

「すごい」という言葉も、高めのトーンで言ったり、うなるように低く言ったり、端的に言ったり、長めに言ったり、同じ言葉でも、たくさんの褒め方があり、受け取り方があります。やはり褒め上手な方、効果的に褒められる方というのは、目の周りの筋肉がよく動きます。ぜひ目を意識して褒めてみてください。

続きまして、「ほほはさみ」の2つ目の「ほ」ですね。これは、「微笑む」ということです。笑うということなのです。

安心感を得たときや、癒やしを覚えたときに笑顔があるというのは、皆さんも直感的にわかると思います。先ほどの褒めるでは、目がポイントでした。では、この笑う場合のポイントはどこかというと、実は歯なんです。

発達に特性のあるお子さんや、発達が凸凹の大きいお子さんは、相手が笑っていることを認識しにくかったりします。でも歯が見えていると、この先生は今笑っているんだなってはっきり認識できるわけです。これは「表情認知」と呼ばれる研究分野の知見によるものです。**笑顔がはっきり伝わること**。そのためには、ポイントは歯であることを覚えておいてください。

続きまして、「ほほはさみ」なので「は」ですね。「は」は、「話しかける」こと、子どもたちに話しかけるということです。ここでのポイントは、**時間帯とか時期**です。例えば、朝一番とか、週のはじめ、新しい学級が始まってすぐといったときです。大人でもわかると思いますが、はじめというのは、ちょっとドキドキしていたりだとか、不安を抱えていたりだとか、モヤモヤした感じがあったりします。でも、そんなときに、先生が朝一番で話しかけてくれたら、心がさっと晴れ渡っていくような、澄み渡っていくような感覚を覚えるというのは、イメージできるんじゃないかと思います。「話しかけること」。これによって、相手に安心感とか癒やしを与えることができるということです。不安になりやすい時期やモヤモヤする時間帯を意識して話しかけてみてください。

続いて、「ほほはさみ」の「さ」ですね。「さ」は「触る」ということです。触れるってことですね。

子どもたちに触れると、そのときに安心感を覚えたりするわけです。ただ、触り方もいくつかポイントがあります。頭を撫でたりとか、わしわしっていう感じで褒めてあげて喜ぶお子さんもいますが、頭の上に手が伸びてくるのが怖いと感じる子どももいたりします。おすすめは、肩とかをポンポンって優しく2回タッチしてあげたりすることです。これはタッピングとも言います。短い間隔でポンポンとか、肩とか背中を軽くタッチしてあげます。

こうすることで、「あ、先生が見てくれている」とか、「応援してくれている」と安心感を覚えることができます。タッピングだけでも関連書籍はたくさん出ているので、気になる方はぜひ詳しく調べてみてください。

そして「ほほはさみ」の最後の「み」は「見つめる」ということです。見つめるというのは、視線を合わせるということです。視線がパチッと合った瞬間、例えば朝の会とかでもいいです。もちろん、授業中でもいいのですが、先生と目が合うと、「ああ、見てくれているんだな」と子どもたちがそれで安心を覚えたりすることがあります。

このときに表情も大切です。先生がにっこり笑いながら視線を合わせてくれている、見つめてくれているというのがすごく大事です。もう一つ言うと、視線が止まるということが大切なんです。

先生側からするとちゃんと見ているように思えても、話を聞いている子どもたちからすると、自分の方を見てもらっていないと感じることが、実は意外と多いです。だから大切なのが、**目線を「止める」**ということです。視線がおよそ1秒止まることで、「見られたな」ということを人は感じるわけなんです。

1秒と言いましたが、慣れてない方だとか、練習が足りていない方には、2秒をおすすめしています。人によっては1秒のカウントが短くなってしまう方もいます。2秒止めていれば間違いなく相手は見られたと感じるものです。したがって、最初は2秒から始めるといいでしょう。朝の会などで、子どもたち一人ひとりにパチ、パチと笑顔で視線を当てていく。そう意識すると、話をしながら子どもたちに視線を止めていくことが技能化されていきます。

ここまで紹介してきたのがセロトニン5です。不安傾向の強いお子さんだけでなく、学級全体に対してもこのセロトニン5は極めて有効です。先生の話で安心感を与えること、癒やされるなと思ってもらえるということは、こういったセロトニンスキルを自然と身につけている場合が多いです。最初は意識するところからで全然構いません。そして、いつしか無意識に使えるように、技能化ができるまで練習していくことをおすすめします。

続けて、ドーパミン5について紹介します。ドーパミンというのは、先ほどの不安傾向の強いお子さんというよりも、どちらかと言えば多動傾向や衝動性の強いお子さんにとって有効な対応になります。

ドーパミンというのはワクワクの素になります。この対応ができると、衝動性や多動傾向のお子さんなどがワクワクウキウキしながら授業に集中して乗ることができます。

これも5つあります。同じく語呂合わせ「うみもこへ」で覚えましょう。「海も越え」ですね。勇敢な若者が山越え海越えみたいな感じで、海も越えてずんずん進んでいく。そういうイメージだと覚えやすいと思います。

まずは「う」です。「う」は「運動」を取り入れる、体を動かすということです。ドーパミンというのは、体を動かすことでシンプルに出ます。これを授業の中で合法的にさせてあげるとよいでしょう。「2回読んだら座って読み続けなさい」とか、「3番までできたらノートを先生のところに持っていらっしゃい」などの学習作業を取り入れることで、ドーパミンは分泌されます。

続きまして、「うみもこへ」の「み」です。これは、「見通しを持たせる」ことです。「ここまでできたら今日は合格だよ」などと言ってあげると、「よし、じゃあそこまで頑張ろう」と思ったりしますよね。こうしたやる気を持たせるのがドーパミンスキルです。

続いて、「うみもこへ」の「も」は、「目的を伝える」ということです。例えば、「この勉強はこのためにしているんだよ」とか、「運動会というのはこのためにやるんだよ」などです。自分が取り組んでいる活動や学習などの意味や目的がわかれば、やっぱりやる気が湧いてきます。

そして、「うみもこへ」の「こ」は「高得点」で褒める、「高得点」をつけるということです。「100点満点おめでとう」や、「わー、AAA!」とか「99点!」などという感じですね。テンションを高めに言ってあげると、やっぱりワクワクします。

最後の「うみもこへ」の「へ」は「変化をつける」ということです。変化をつける方法にはいろいろありますが、例えば確認のパターンに変化をつけるとか、学習のリズム・テンポに変化をつけるとか、教材の見せ方に変化をつけるとか、指名の仕方に変化をつけるなど、様々なことに変化をつけていくことができます。「お、そうきたか」というような予想から外れるグルーヴ感が生じると、やはりワクワクが増すことがあるということです。

以上が、セロトニン5とドーパミン5でした。

こうしたことを知って技能化しておくと、「褒めるとき」や「話しかけたとき」の効果がより高まりやすくなり、結果「信頼」や「尊敬」が得やすくなることにつながっていきます。ぜひ活用してみてください。

信頼される褒め方・叱り方

先ほど「褒める」ということについてお伝えしてきましたが、実は「叱る」ということに関しても、やはりコツというかツボがあります。

ちなみに、「効果的な褒め方や叱り方」「信頼される褒め方や叱り方」については、特に先生方からたくさんの質問が寄せられる内容でもあります。今までも講演会やセミナーなどで何度も私は同じ質問を受けてきました。どんなふうに褒めるとよいか、どんなふうに叱ればよいかという問いです。

そこでお伝えしていることは、この**褒めるや叱るというのは、基本的に同じ意味を持つ関わり**ということです。同じ意味というのは、何らかの変化が起きたときに、子どもたちへの関わりとして現れるものということで同じということです。褒めるというのは、何かができたときや、成功したときに褒められたりするわけです。叱られるというのは、何かができなかったり、何かをしでかしてしまったりしたときに叱られるわけですね。何らかのことをしたときに、教師から与えられる関わり、それが褒めるや叱るというわけです。

これを仮に植物の成長になぞらえて言うと、この関わりは肥料に当たります。肥料の与えすぎはよくなくて、適切な量、適切な時期に与えることが大切です。なんなら肥料がなくたってちゃんと育っていくわけです。

だから、よく考えることなく「ひとまず叱ろう」「とにかく指導しよう」というのは厳禁です。褒めるも、叱るもそうです。何かがあったときに毎回叱るだとか、何かができたら毎回褒めるというようにしていると、結局それがないと何もできなくなってしまったりするわけです。

大切なのは、土壌です。根っこの部分です。ここがしっかりしていれば、一所懸命肥料をあげなくても、植物はたくましく成長していくものです。

だとすると、その土台にあるのは一体どういう関わりなのか。

それは、やっぱり**「認める」という関わり**です。

認めるということが相手にどういったときに伝わるか。先ほどの褒める叱るというのは、何らかの変化が起きたときの関わりですが、「認めていること」が伝わるのは何も起きてないときです。通常状態、無変化状態の関わりのときに「認められている」ということを本人が感じられるかどうかが大事です。ですから、気になるお子さんや、なんとか行動改善をしてもらいたいと願うのであれば、先ほども伝えましたが、日頃から何の気なしによく話しておくことが大切です。

この「何の気なしに」というのがとても大切です。何かが起きたときではありません。普段から何気なくその子とよく話をしておく。これは、単純接触効果とも呼ばれたりしますが、人はシンプルに接触回数が多い人を好きになりますし、特に何かができたわけでもないのに、いつも見守ってくれている、支えてくれていると子どもが感じられるかが重要です。まさにこれが、「認められている」という感覚になります。

これが根っこのところにあれば、究極の話、褒めても叱っても大丈夫なのです。どっちでもいいのです。反対に認めるという根っこがなかったら、効果的に褒めたり叱って肥料を与えてもダメなんです。「普段自分の頑張りだとか努力を何も見てないくせに、何かができなかったときだけ叱りやがって」となると、より関係が崩れるわけですね。要は、認めるという土台が根っこになければ、褒めても叱ってもダメだということです。

この「認める」というところがまず土台だとお伝えした上で、「信頼される叱り方」を考えていくならば、叱られた後にその子が「やっぱりよくなかったな」「よし、次は頑張ろう」と思えるようなポジティブな感情の発露が見られるかどうかです。ここがポイントになります。

カーネギーの名著『人を動かす』にも書いてありますが、**人を動かす唯一の方法は、自ら動きたくなる気持ちを起こさせること**です。はっきりと書いてあります。だから、叱ることが目的じゃないですよね。もっと言ったら、罪の意識に苛《さいな》ませることが目的でもありません。

自ら動きたくなる気持ちを起こさせないといけません。ここが叱り方のポイントです。唯一無二と言ってもいいと思います。だから、その後に行動ができないようになってしまうのならば、それはよくない叱り方ということです。

「反省させると犯罪者になります」と本にもしっかり書いてあるのですが、何かをしでかしてしまったときに、罰を与えて上辺だけの反省をさせ続けた結果、大爆発して大きな犯罪に手を染めてしまうケースが後を絶たないと、その道の専門家が言っているわけです。

それではどのように叱るのがよいかというと、カーネギーは三原則の中の1つ目に、「相手を批判しないこと」と書いているわけです。

相手を批判すると、途端に相手は防御態制を敷いて、自己保身ばかりを考えてしまいます。こうなったときには、相手はまったく動こうという気持ちを起こすことができません。

だから、例えば注意するときに、「君が嫌いで叱っているんじゃないんだよ」「あなたのしたことに対して叱っているんだからね」と、ここを分けてあげた方がいいです。あなたのことはすごく大切に思っている、先生にとってとてもとても大切な存在だと伝える必要があります。つまり、やったことを叱るだけではなくて、その子の人格とやった行為を明確に分けます。あとは例えば、「君だけが悪いと思ってないからね」「何か理由があると思っているから、話を聞くからね」という形です。そうすると、相手は防御態制を解きます。ここが重要です。

あと、私がよく話すこととして、「こういうことを続けていると、あなたのいいところ、今まで頑張ってきたものとかが全部なくなっちゃうよ。もったいないんだよ」と伝えています。この

「もったいない」のところは感情をのせて言います。

さらには、「珍しいね」「今回のことは」という言い方もします。問題行動をしばらくしなくなっていたとするならば、その期間の頑張りもちゃんと認めて伝えてあげます。「前に注意してからしばらくしなくなっていたもんね。頑張ってここまでの日々を過ごしていたからこそ、『久しぶりだな』って先生は感じているんだよ」という言い方をします。

そして、道徳の授業などで法律について明確にルールを教え説くとさらに効果的です。そうすることで、「注意を受けて反省すればそれで終わり」ではなく、「社会生活の中では明確なペナルティを受けるものだ」ということも理解できます。発達の凸凹の大きいお子さんにとってみれば、感情的な指導を受けるよりも「ルールである」と学んだ方がしっくり心に収まるケースも少なくありません。

そして、指導の最後には「変わったときにはぜひ一緒にお祝いしよう」とも伝えます。そういった未来の希望を見せてあげて叱る。こういう形で締めることが多いです。「必ずその未来がやってくるよ。一緒にお祝いするのが楽しみだね、待ってるよ」と、行動改善が生まれた先に適切に認めてもらえる未来を感じさせてあげるのです。

「もったいない」も「珍しい」も「待っているよ」も、すべては**自ら動きたくなる気持ちを起こさせるために必要な工夫である**ということです。こうすることで、叱ってくれた相手のことをより信頼するようになったり、関係がさらによくなっていくことにもつながっていくわけですね。

〈第1章解説：郡司竜平〉

本書『発達が気になる子の教え方 The BEST』の発刊にあたり、編集段階から参加させていただきました。特別支援教育の専門的な観点から私なりに指摘をさせていただきました。

さらに本項の「解説」では、本書の内容順に補足・解説をしていきたいと考えています。ただし、渡辺先生がそれぞれの項目を通常の学級での指導を充実させるためにとの強い思いで書かれている内容であることを前提とします。特別支援教育の専門書によく書かれている内容を取り上げて解説するのではなく、渡辺先生がこれまで大切にされてきた学習指導のあり方を、これまで執筆された書籍から私なりに受け取った内容を加味しています。ここが本書の肝になろうかと思います。

「不適応行動」の捉え方

本書で「不適応行動」と表現される行動の多くは、これまで一般的に「問題行動」と表現されているものかと思います。明確な基準がないまま子どもたちの行動に対して、「不適応行動」「不適切な行動」「挑戦行動」などといったさまざまな表現がなされます。

その場合の多くは、本人ではなく、教師や周りの大人が一定のルールを用いて、そこに子どもが適応しているか否か、適切か否か、問題かどうかを決めている視点に立っていると言うことができます。肥後（２０１０）は「この用語（問題行動）に子どもにかかわる側の恣意性や思慮の浅さを感じてしまうため、「問題行動」の用語を使わない」（括弧内は郡司が補足）とし、自らは子どもたちの行いを「行動上の問題」と表現し、明確な立ち位置を示しています。これは、「問題の所在は子どもたちと周囲の環境との相互作用にあり、一方的に子どもに存在するものではない」との視点に立ったところからのものになります。肥後の言う「臨床にかかわる者が共通して持っている『問題行動観』、『不適切行動観』」について本書を手に取られたおひとりおひとりが見つめ直すことが必要なのかもしれません。

さらに、この「環境との相互作用によって」ということは、現在の障害観、ＩＣＦ（国際生活機能分類）に立脚した考え方であるということが言えそうです。障害とは本人に起因するものではなく、環境との相互作用によって生じるという考え方になります。

本書において渡辺先生は同じ立ち位置を取りながらも、読者のみなさんからいただいたコメントでのキーワードを優先し、より多くの皆さんが具体的な行動をイメージしやすい単語を用いているものと私は捉えています。

目の前の行動を捉えるということ

行動には必ずその背景があります。周囲との関係性の中で行動が起きるのです。目の前の子どもが行動を起こしたときに、その行動はなぜ起きているのか、「どうしてかな？」というまなざしで捉えることが何よりも大切です。

『やさしいどうして』の視点を持って、目の前の子どもの行動をまずは捉えることです。青山（２０２２）は、目の前の「個」への徹底的な関心に基づく必要があること、「一人を知りたい」と強く思うところから始めるしかないと続けます。

先生が困っているとき、目の前の子はもっと困っているのです。

渡辺先生は、「その行動自体を問題視してしまう先生というのは、やはりその子ども自体の問題と捉えたり、親が悪いとか地域が悪いとか、前の担任が悪いというような形で、思考が他責になっていきやすい」ことを指摘しています。これは、「周囲との関係性の中で行動が起きる」と捉えることで、教師自身を含めた目の前にある周囲との関係性、環境との相互作用の中で行動が起きるわけで、子ども自体に対する問題でもなく、そこにいない親が悪いわけでもなく、地域や前の担任が悪いわけでもないと理解することができるはずです。

本章で示されている行動の「氷山モデル」にあるように、水面下にある背景要因は目には見えにくいのですが、この部分を「本人の特性」や「教室（学習）環境」や「本人を取り巻く状況」を丁寧に見ていくことで、行動がなぜ生起されているのかに迫っていくことができるのです。

さらに、行動は行動の直後（60秒以内）に出現する刺激、出来事、条件によって生起頻度が変わることから考えても、渡辺先生の指摘が理にかなっていると言えます。

感覚▼認知▼行動

認知行動療法では、認知、感情、行動、この3つが大きなキーワードになります。ものごとの受け止め方を、現実的でバランスのよい考え方に改善していく「認知療法」と、これまでと違い新たな行動を形成することで問題解決を図っていく「行動療法」を統合したのが、認知行動療法となります。

物事の受け止め方を改善していくことで行動を変化させます。ものごとをどう受け止め【認知】、受け止めたものごとをどう感じて【感情】、それに対してどう行動するのか【行動】、この3つのつながりを理解することが基本の枠組みとなります。

渡辺先生は、この認知行動療法をベースとしながら、発達に偏りがある子どもたちの「認知」

には、ものごとを受け止めるための入力装置である「感覚」の凸凹が「認知」に大きく影響しているとして、あえて「感覚」を強調しているのだと私は理解しています。

この「感覚」の凸凹があることを前提として目の前の子どもたちを観察することで、ものごとの受け止め方が変わる背景を理解することにもつながります。

そして、その認知に対してどのような感情を抱き(渡辺先生はあえてここを強調してはいませんが)、行動が起こっているのかを理解していくことができるのです。

感覚の閾値

感覚にはみなさんがよく知る5覚と2覚（前庭感覚・固有受容覚）の合わせて7覚があります。前庭感覚とは、回転や揺れや傾きを感じる感覚であり、固有受容覚とは、身体の動きや位置をつかむ感覚です。渡辺先生が説明しているように、それぞれの個人の感覚には、過敏や鈍感（鈍麻）があります。感覚の偏りなどを知りたい場合には、例えば「日本感覚インベントリー（JSI－R）」などでチェックしてみることでわかることもあります。

それぞれの感覚が過敏であったり、鈍感（鈍麻）であるとはどのようなことでしょうか。

感覚には閾値というものがあります。閾値とは「刺激がある値を超えて強くなれば、反応が起

感覚の閾値[1]

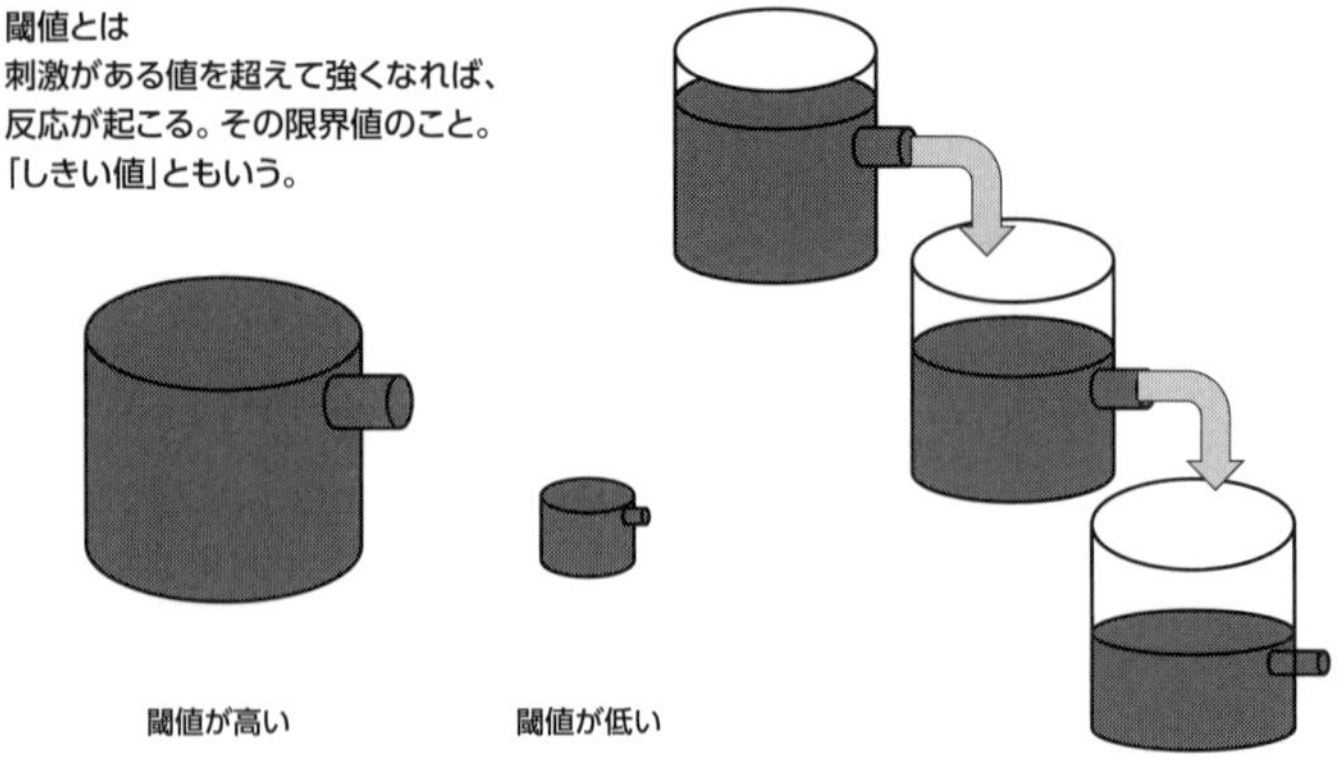
閾値とは
刺激がある値を超えて強くなれば、
反応が起こる。その限界値のこと。
「しきい値」ともいう。
閾値が高い
閾値が低い

閾値のイメージ図[2]（岩永（2010）らを参考に齊藤が作図したもの）

		自己調整行動反応	
		受動的手段	能動的手段
神経学的閾値	高	低登録 ・感覚刺激に対する反応が弱い （閾値が高いために）、過剰となる ・呼んでも振り向かない、痛みを訴えない等	感覚探求 ・感覚刺激に対する反応が弱く （閾値が高いために）、感覚刺激を追い求める 対処行動をとる ・自分でくるくる回り続ける、泥遊びをやめない等
	低	感覚過敏 ・感覚刺激に対する反応が強く （閾値が低いために）、過剰となる ・掃除機の音を聞いて不安定になる、 服のタグが不快でイライラする・等	感覚逃避 ・感覚刺激に対する反応が強く （閾値が低いために）、感覚刺激から遠ざかる 対処行動をとる ・不快音を避けるために音楽室に入ろうとしない等

表　感覚調整障害の4つのタイプ（Dunnのモデルに例を追加した）

岩永竜一郎（2010）自閉症スペクトラムの子どもへの感覚・運動アプローチ入門、東京書籍、p.18よりこる、その限界値のことです。「しきい値」とも言います。

右図でおわかりのように、ある感覚の「閾値が高い」か「閾値が低い」によって、その感覚の受け止め方には大きな差が生まれます。

同じ強さの刺激でも、閾値が高い場合は反応することはありませんが、閾値が低い場合はすぐに反応があります。

この反応も受動的な場合と能動的な場合で違います。閾値が高く、反応が受動的であると、感覚刺激に対する反応が弱い（例えば、呼びかけても振り向かないとか、痛みを訴えることが少ない）という状態を示す低登録（傍観者）と見立てることができます。

前頁の下に示した表からは、その具体的な様子を知ることができます。これらの具体的な姿から各感覚がどのような特性を持つのか、それぞれの感覚ごとに把握しておくことで、子どもたちの指導・支援[3]の方法がこれまでと変わってくるのだと考えます。

行動を選択する

人は何かが遮断されている状態にいると、そのものを獲得することを動機付けされます。この動機付けと獲得できるものの組み合わせを分析していくことで、行動の機能がわかってきます。

1　ここで取り扱った閾値や感覚処理については、岩永竜一郎編著「発達障害のある子への感覚・運動への支援」第4章「感覚処理特性のアセスメント　萩原 拓」に詳しい。ぜひご一読いただきたい。

2　齊藤が代表を務める　たすく株式会社編著『たすくの療育（第八版）』に詳しい

3　各感覚への支援は岩永竜一郎編著（2022）発達障害のある子への感覚・運動への支援、金子書房、第5章「感覚面の問題への支援」のp.42の表5－1「感覚の問題に対する支援」には各感覚に対する具体的な方法や活動例が示されています。ぜひ参考にしてください。

その行動の機能を渡辺先生は具体を示し説明しています。そこでは、「逃避・回避」「モノ・活動の要求」「注意喚起」「自己刺激」の4つの機能があるとしています。一方で、別の専門書には「逃避／回避」「モノや活動の獲得」「注意注目の獲得」「自動強化」の4つとしたものもあります。

ここでの「自動強化」とは、行動の前後に環境変化が見られない場合、自動的に強化される可能性がある行動を指します。例えば、体を揺らすことや独り言を言う、指を鳴らすことなどです。ここで示された他の3つもその説明を見るかぎり、行動分析の専門家によって示されるそれらは多少の切り分け方の違いがありますが、基本的には等価であると考えられます。

行動を数えるために

「行動」を数えられるレベルまで具体にする大切さを渡辺先生は説明しています。

この具体的な行動であるかどうかの判定基準とは、三田地・岡村（2019）によると2つです。

①観察可能であること

②再現可能であること

となります。

①は「出現した、しないかが誰が見てもはっきりわかる行動」であり、②は「その表現を聞いた人が同じように行動できること」です。まずは、この2つの条件に目の前の子の行動を照らし合わせてみることが必要となります。

次に、「行動を測定するときの物差し」（三田地・岡村（2019））を示します。通常の学級の先生がおひとりで対象の子どもの行動を測定することは物理的に難しい場合が多いですので、他の先生方の協力のもと進められることが望ましいです。

こちらの物差しで示された「潜時」は、もしかしたら聞き慣れない単語かもしれません。この

行動を測定するときの物差し

1. 生起の有無（行動が起きたか、起きなかったか）
2. 回数（行動が何回起きたか）
3. 比率（一定時間の中で行動が何回起きたか）
4. 持続時間（何分、行動が継続したか）
5. 潜時（行動を始めるきっかけを示してから、実際に行動を開始するまでの時間）
6. 状況（行動の直前、直後の状況、具体的にはいつ、誰と一緒のとき、どこで、その行動が起きたか、行動が起きた後にどうなったかなど）

データを取ることで子どもの「好み」を評価することに役立てることができます。

まずは対象となる行動を決め、記録を取り続けることです。この記録がベースラインとなります。

ベースラインとは、「行動を」「実験的介入なしに測定する」「実験期間のこと」を指します。学校の文脈で言うと、先生たちが指導、支援を行う前の状況です。

このベースラインを明らかにすることで自分たちの指導・支援の方向性を具体的に検討することができますし、それらが子どもの行動を変容することにどのように効いたのかを具体的な数値をもって表すことができるようになるのです。

ワーキングメモリの容量

脳のメモ帳と言われるワーキングメモリは、様々な学習場面で用いられています。そのワーキングメモリには、次の2つがあります。

〈言語性ワーキングメモリ〉

- 長い指示を記憶し、実行すること
- 文を記憶し、書き写すこと
- 同じ音をもつ単語のリストを覚えること
- 複雑な文法構造をもつ文を覚えること

〈視空間性ワーキングメモリ〉

- 頭の中で算数の問題を解くこと
- 黒板の文を正しく書き写すこと
- 写真やイメージを用いてお話すること
- 順番に並んだ数字の中で抜けている数字を見つけだすこと

ワーキングメモリは、前頭前皮質の発達と並列して成長が進んでいくとされています。最も成長するのが子ども時代で、10歳までは最もワーキングメモリが増加します。年齢に応じたワーキングメモリの容量に対応する指示の数のガイドは、次に示すとおりです。

・5～6歳：2つの指示
・7～9歳：3つの指示
・10～12歳：4つの指示
・13～15歳：5つの指示
・16～29歳：6つの指示

先生たちが授業の中で子どもたちへ伝えている指示が多いことはありませんか。これを期に一度見直してみるとよいかもしれません。

第2章

不適応行動への対応ケーススタディ

CASE1　発達に課題のある子とその周りの子への対応

「発達に課題のある子どもがクラスに受け入れられるために、周りの子どもたちへの手立てはどうすればよいか？」

このような質問を受けました。まず、一番大切なところからお話をします。

学校で失敗体験とか傷つき体験、周りから白い目で見られたりだとか、評価がものすごく下がっているお子さんというのは、少なからず認知に歪みがあることが多いです。感覚、認知、行動のところでいう認知です。それは勉強に対してであったり、学校や先生あるいは友達に対して、認知に歪みがあるということです。

たくさんの注意を受けてきた子どもにとって、先生というのは自分を攻撃してくる嫌なやつだと意識している場合が少なくないですし、勉強も失敗だけが続いたら「私にはできないものなんだ」というように認知してしまいます。この認知の歪みが、ファーストチャレンジを拒んでいたり、体を強張らせてより失敗をさせやすくしてしまったりするわけです。なので、この認知の部分を変えていく必要があります。

そのためには、いかにして成功体験や安心体験といったものを積ませていくか、そして認知を変えていくかということがポイントになります。

先ほど述べたCちゃんへの対応を例に、特に大切にしてきたことをお話しします。

まず1つ目に、「縦の変化」を明確に伝えることです。これを事細かくやっていました。「縦の変化」とは、「以前の自分と比べる」ということです。一方で、「横の変化」は他の誰かと比べることです。Cちゃんの場合では、入学した頃と1ヶ月後を比べて、「これとこれができるようになったよ」と、ほぼ毎日のように伝えていたと思います。それは日常的な会話の中でもそうだし、帰り道にちょっと一緒になったときだとか、朝すれ違ったときだとか、いろんなところで何気ない会話の中にそういったものを滑り込ませていきました。

この縦の変化の重要性については、教室の中で全体にも伝え続けました。こういったことは喋るだけでは響かないので、教材であったり、授業の中で体験的に理解ができるように授業を設計していきます。例えば、算数の計算スキルという教材は、自分で取り組むコースの問題数の軽重を選ぶことができます。2問コースか5問コースか10問コース、いずれのコースでも全部できたら100点とします。こういう問題数の軽重が、教材の設計の段階でつけられているならば、私は積極的に採用すべきだと思います。

Cちゃんの場合では、目からの情報入力が苦手でしたが、耳からは結構いけることがわかったので、暗唱などにクラス全体でたくさん取り組みました。やればやるほど覚えるので、成長が見て取りやすいのです。前は1個も覚えてなかったけど、今は3つも覚えられたね、というようにして「縦の変化」を見取っていきました。するとどうなるかというと、成功体験が生まれやすくなります。

周りの誰かと比べていると常に失敗だらけだったのが、前の自分と比べたら成功しかない。ここに気づいていくと、学級全体にも安心感が生まれ、成功の瞬間がつくられていくということです。Cちゃんにおいても、みんなにおいても、というところがポイントですね。

2つ目は、「具体的に教えて褒める」ということです。「ちゃんと挨拶しよう」とか「しっかり準備しようね」のような曖昧な言い方ではなくて、「名前を読んで10人以上に挨拶できたら素晴らしいね」「算数のときは〜と〜と〜の3点セットを準備するんだよ」というように具体的に教えます。これはCちゃんだけでなく、クラス全体に対しても同じように行いました。

感覚や発達に凸凹のあるお子さんというのは、具体的に伝えないとうまくできません。「準備しようね」の言葉だけではできないから、「これとこれをこの場所に出す」というようにして、はっきり教えてできるまでは寄り添ってあげます。なんなら習慣化してあげるのがいいです。最初は一緒にやってあげるわけですが、そのうち習慣という技が自分を助けてくれます。無意識でそれを出したりすることができるようになるということです。

これが、とても大切な視点です。習慣化するまでの期間や、どれぐらい助けが必要かは、そのお子さんを見てみないとわかりません。例えば、「インキュベートの法則」といって、一つの物事が無意識でできるようになるまでは、少なくとも3週間程度はかかります。一つの時間的な目安ですね。こういった原則を知っておくことも重要になります。習慣化という形で、その子を成功体験に誘《いざな》ってあげるわけです。具体的に教えて、褒めて、習慣化させてください。

そして3つ目に、**「他者評価を変えていくこと」**です。これができれば、その子を取り巻く環境は大きく変わっていきます。自分が変わるだけじゃなくて、周りも変わるわけですから。

例えば、先ほど伝えたポジティブな習慣が生まれ、ふとした成功体験がCちゃんにいくつも導かれた瞬間に、クラスの子たちに話を振って、「Cちゃんってなんか変わったなって思う人？」と聞いてみるわけです。すると、みんなブワって手を挙げますね。そのブワっと手が挙がる瞬間がCちゃんはうれしくてたまらないわけです。「私のことをみんなはこうやって見てくれているんだ」と思えたら、友達への認知も少しずつ変わっていきます。

さらに、私はそれを学級通信などでも取り上げます。すると、保護者や先生方の間にも認知の変化の波が広がっていきます。こうすることで、今まで自分を攻撃ばかりしていた他者が、褒めてくれて、認めてくれて、励ましてくれる。こういうサイクルが生まれていくわけです。

CASE2 不規則発言への対応

不規則な発言というものは授業につきものです。例えば、どなたかの授業を一言一句まったく同じようにトレースしたとしても、先生も違えば、子どもも違ってクラスも違うわけです。したがって、当然違う反応が出て当たり前ですね。

「不規則な発言に対する対応を教えてほしい」ということですが、授業の流れを切りたくない場面であったりする場合は、私は基本的に取り合いません。そのままニコニコ授業を進めると思いますし、そのまま有無を言わさず進めると思います。聞こえないふりでもいいと思います。

ポジティブノーリアクション（意図的な無視）の話を先ほどしました。注目を求めている子に取り合ってしまうと、大好きな先生が取り合ってくれたというプラスが生まれてしまいます。ですから、そういう場合は私はだいたい取り合わないですね。

あえて言うのであれば、授業のテンポとリズムのところです。喋りのスピードを調節したり、余計な空白や間を可能な限り減らすことで、自然と不規則発言は減っていきます。また、立ち位置や表情もそうです。立ち位置をその子の近くにとって「教師の位置エネルギー」を入力してあげたり、にこやかな表情で視線を当ててあげたり。このように速度や位置や表情を工夫する中で

「巻き込み感」を出していくことが重要です。この巻き込み感が出せるようになると、自然と不規則発言は減って、熱中する時間が相対的に増えていきます。

さらに、もう一つだけ付け加えるとするならば、「ノンバーバル対応」です。言葉にしない対応を増やしていくと、不規則発言への悩みであったり、困り感などを乗り越えていきやすくなると思います。

例えば不規則発言をしたA君が、「なんで先生は俺の言葉を聞いてくれないんだよ」と文句を大声で言うタイプだったとします。そうであれば、言葉では取り合わずに、その子をちらっと見たり、ニコって微笑んだり、手で少しストップみたいなモーションをとったり、あるいはグーマークのようなサインを出したりします。「あなたの話は聞いているよ」というサインだけは言葉で示さずに行います。身振り手振りで示したりだとか、目線で制したりだとか、こういうノンバーバル対応の引き出しが増えていくと、そういったお子さんたちが可愛くなってきます。先生の言葉に反応してそうやってついつい言っちゃうんだなと感じることもできるようにもなります。そうやって、その子の特性を楽しみながらノンバーバル対応を活用しつつそのまま授業を進めたらいいんじゃないかと思います。

とはいえ、小さな不規則発言に引っかかる感性というのも、本当に大事です。神は細部に宿るという言葉がありますが、こういったところを大事にしていくことが、本質的に授業全体を磨いていくことにつながっていくということです。不規則発言について悩んでいるのであれば、先の巻き込み感やノンバーバル対応を磨いていくことが解決策になりやすいということですね。

CASE3　関係が崩れている子への対応

関係がすでに崩れてしまった子どもとの関係改善の可能性と、具体的なアプローチ方法について質問がありましたので解説します。これは、結構難しいということを先に申し上げておきます。特に発達の凸凹が大きいお子さんにおいては、先行条件として入ってしまった情報は剥がれにくいという特徴があるからです。とはいえ、1年、2年と担任する限りは、その子との関係が続くというのがこの仕事の難しさでもあります。もちろん可能性がないことはありません。むしろ、やり方次第でどんどんと改善していきます。なんなら、崩れてしまった状態からでも、自分のファンになってくれたり、この先生好きだなって思ってもらったりすることもできます。

では、おすすめしている3つのポイントを紹介します。

まず1つ目は、「工夫して褒める」ということです。褒めるだけでは足りなくて、工夫して褒めることです。ただ褒めるだけだと、もうすでに関係が崩れている場合においては、それが嫌味に聞こえたり、皮肉に聞こえたり、なんなら声をかけてくれるなっていうことにもなります。

ではどんな工夫があるかと言うと、例えば「間接的に褒める」という方法があります。関係が崩れているときは、直接的であったり、距離が近い状態で当てられる褒め言葉やスポットライトには過敏に反応してしまって嫌悪感を示すことがあるためです。「〇〇君のことを〇〇先生が褒めていたよ」と別の人を経由して褒め言葉を伝えるとか、こういうパターンです。間接的に褒めるだけで、途端に受け取りやすくなったり、響きやすくなったりします。これはとても有効です。

さらに、「薄めて褒める」という方法もあります。これは例えば、「〇組の皆さん」であったり、「〇班の皆さん」であったり、「〇チームの皆さん」という形で、その子が所属しているグループやチームを褒めることです。個人としての褒め言葉は入らなくても、チーム全体への賛辞は受け取れたりすることがあるんですね。

その他、「文字で褒める」というのもおすすめです。手紙であったり、一筆箋や学級通信です。こういうのはとてもいいです。手紙に内容を具体的に書き、「できればお家でぜひ褒めてあげてください」という形にして子どもに手渡しします。

これを、先ほどの「間接的に褒める」と合わせ技にしたりもします。その子だけに1枚渡してしまうと、明らかにその子に向けて書いたなと伝わってしまうので、1日に3枚ほど一筆箋を書くようにします。そして、「じゃあ今日の一筆箋の人を紹介するね」と言い、「〇〇君と〇〇さんおいで」「これはお家の人に渡しといてね。今日頑張っていたからすごいと思ったんだ」というようにして渡します。これだと3分の1という形になるので、入りやすくなります。

文字というのは、声と違って、何度も読み返したりできます。音だと1回流れたら消えて終わりになりますが、文字ならば何回も何回も読んで、何回もうれしさを感じたり、こみ上げたりすることができるので非常におすすめです。

あとは、言葉でも文字でもなく、先ほど紹介したノンバーバル対応で褒める方法もあります。にっこり微笑んだり、頷いたり、手でサインしたり、拍手をしたりだとか、言語以外のいろんな方法で褒めたたえるということです。

これらは関係が崩れた場合の褒め方として紹介しているわけですが、関係が崩れていないときでもおすすめです。毎回、強刺激で褒めるだけが技ではないということです。濃淡をつける褒め方においても、いろんなバリエーションを知っておくことで、関係を改善したり、心のコップを上に向けたりして、少しでも届けるようにしていきます。「工夫して褒める」というのが、1つ目のおすすめの方法でした。

それから2つ目のおすすめの方法ですが、これはとにもかくにも「知的で楽しい授業をする」ということです。ただ楽しいではなくて、知的である必要があり、ちょっとハードルが高いかもしれません。楽しいだけでなく「勉強になったな」という授業ができると、子どもたちからの憧れを集めやすかったりするわけです。

そこでおすすめなのは、優れた先行実践をそのまま追試してみることです。私もいくつかコンテンツをお配りしていますし、あるいは、この授業だったら絶対にうまくいくといった鉄板授業は調べればいくらでも出てきますから、まずはそのままトレースしてみてください。子どもたちが、「うわー勉強になったな」「面白かったな」という場面をできるだけ多くつくり出すことで、「この先生やっぱすごいな」と思ってもらえるようなきっかけを生んでいきます。

そして3つ目が、「その子が大切にしているものを見つける」ということです。これは、ご自身の共感力をフルに発揮しないと難しかったりします。「関心事に関心を寄せる」と言ったりしますが、その子が大切にしていること、あるいは今一所懸命やろうとしていることを、なんとか探す、見つけ出す、引っ張り出す必要があります。

その子が好きなものとかでもいいです。習い事や頑張っていることでもいいかもしれません。そこに寄り添うこと、関心を寄せることが大事なのです。これができると、関係改善の糸口がつかみやすくなるだろうと思います。

CASE4 癇癪《かんしゃく》を起こす子・不貞腐れる子への対応

グループ活動や係活動などで友達と意見が違い、自分の要求が通らないと不貞腐《ふてくさ》れてしまい、活動を放棄してしまうお子さんがいたりします。そのような子どもたちに対して、どのように対応するべきか。

これは、前もって示すことが大切になります。**落ち着いているときにふさわしい行動スキルを前もって教える**ということです。

これは荒れてるときやパニックになっているときに言ったとしてもなかなか入りません。相手が身構えたり、言い返すぞといったカウンター状態になっているからです。だから、調子のいいときや、休み時間のふとしたときに前もって伝えるのがよいです。さらに言うと、本題ではなく、副題、おまけみたいな形で言うとより伝わりやすくなります。直接的に「君を指導するぞ」というような強圧的なスタンスではなく、自然な会話の中からふとこぼれるような形の方が往々にして伝わりやすいということですね。

伝え方にもいろんな工夫があります。いずれにせよ、原則はその子が落ち着いているとき、言葉が入るときにそれを言わなきゃダメなんです。

では、どのように伝えるかというと、例えば、自分の思い通りにいかなかった、負けちゃったときには、「こんなふうにするといいんだよ。できたらかっこいいな」「それができたらそれは一つの成長だから一緒に喜ぼうね」と、前もって正しい対応スキルを伝えておきます。その子が実際に動いてみたくなるような声かけにします。その行動をしたら、よいことが起きるということです。私が担任だったり、近い関係だったりしたときには、「そういうふうに泣いたり、そうやって叩いたり、パニックになっちゃったりしたときには、あなたが何を言っても、あなたの望みは叶うことはないんだよ。ごめんね。なぜかというと、大人の世界でもそうだからなんだよ」と伝えます。このように「ごめんね」ってあえて言ってあげることもあります。けれど、譲ってはいけないところは譲らない。要は、その子に入る言葉で、正しい対応スキルを教えるということなんです。

そして、できたときには、一緒に大いに喜んで、強刺激で褒めてあげます。だから、不貞腐れているときや、活動放棄してしまったときには、私は放っておくことが多いです。視界の中にいて、危険行動が特にないと思ったら放っておいていいです。不貞腐れて、自分が一番損している状況にします。このときに、強刺激であったり、なんなら注意をしたりだとか、呼び寄せたりだとか、優しく対応してしまうと、不貞腐れることで注意喚起が満たされたり、要求が満たされてしまうことがあるということです。だから、基本的に私はそのままクラス全体の活動の方を優先します。そこでもし戻ってきたとしたら、「お、自分で立て直したね。やるな」と、一言そちらには軽く刺激を入れます。すでにルールを破っているわけですから、基本的には低刺激かつポジティブノーリアクション（意図的な無視）です。また、戻ってくるまでの時間が短くなってきたときにも褒めます。自分で切り替えられたら、それはそれですごいことですし、別に1時間の間ずっと不貞腐れていてもいいんです。

また別の対応方法もあります。ここもできるだけ低刺激というのがポイントです。例えば、教室の隅っこでフリーズしている、チャイムが鳴っても切り替わらなかったりしたときに、活動をあえて切り替えてあげます。「はい、じゃあロッカーの片付け時間です」といったように、全体に指示をします。「時間は3分。綺麗になっているかどうか先生がチェックします。もしかしたらだけどね、放課後に居残りみたいなこともあるかもしれません」と笑顔で指示をします。子どもたちも「えー、やだー」とか言ったりします。「大丈夫だよ。君たちなら綺麗にできるからね」「よーい、ドン」と言います。こうやって気をそらしてあげる、活動を変えてあげると、踏ん切りがつかなかった子も動き出したりすることがあります。わざわざその子の近くに行かなくても、**全体指示の中で自然とその子を動かしてあげるという方法**です。

これはもちろん一つの例ですが、この話の中にもいくつかポイントがあります。上手にやったら褒められるだろうという期待感と、もしちゃんとできてなかったら放課後にこれやらなきゃダメかもしれないといったような、ちょっとピリッとするような、締める対応だということです。温かい対応だけじゃダメなんですね。どこか凛とした厳しさがないと、子どもたちはなかなか動かなかったりします。

もし仮に、このように指示を出して、その子がまだグズグズ言っていたとしても、私はできるだけ近くに寄っていきません。ちょいちょいって手招きすることが多いです。自分で歩いてこっちに来たとしたら、指導の9割くらいはもうほぼ完了です。こっちの指示に従ってきちんと来たので、その上で、「あれを手伝ってくれるかな」と、有無を言わさず動かしてあげることが私の場合は結構多いです。そのうちに気持ちが整ってきたりするからです。手伝ってくれたら、「うわ、ありがとう」「あー助かったな」と言って、その子の気持ちが落ち着いてきて、「よし、入るな」といったときに初めて正しい対応スキルを教えたりします。

やっぱり大切なのが、緊張感と抱擁感の両方だったりするわけです。これは先生は許してくれないなとか、これはきっと先生は褒めてくれるだろうなといったような両方が大事なわけです。温かいばっかりでもダメだし、厳しいばっかりでもダメで、その両方が同居しているというイメージです。

さらに、いくつか有効な方法を示しておきます。「タイムアウト」という方法です。その場から1分や2分でもいいのでいったん離れます。ここでクールダウンするよという場所をつくっておいたりします。

授業中に奇声をあげてしまう場合は、授業が中断したりして困ることもあると思います。これも前もって落ち着いているときに、「もし今度しちゃった場合はタイムアウトって言ってね、これはスポーツとかでもよくあるんだけど、ファールだとか反則をしたときには、いったんその場から出て、時間が経ったら戻ってくることがあるんだよ」と説明しておきます。「ここはみんなで勉強している場所だから、大きな声をいきなり出しちゃったときは残念だけどね、先生と一緒に外に出て、いったん心を落ち着けてから戻ってこようね」と説明しておくことはすごく有効です。それがもし嫌だったりした場合には、ピタッとなくなることもあります。

また、「トークンエコノミー法」もおすすめです。正しい対応スキルが身についていなくて、誤学習をしてしまっている子たちはどこかで得をしているので、それ以上の得とか別の得を与えてあげることが打開策になります。そこで、正しい対応で自分の要求を伝えることができたら1ポイントをあげます。5ポイント貯まったら一緒にお祝いしようねといった形にします。それが励みになって、正しい行動を選択できるようになります。そのうちにそれが習慣化して、別にポイントカードがなくてもできるようになります。

何より大事なのは、できたとき、変化の兆しが出てきたときの先生の対応なんです。これ以上ないというくらいの、その子が一番喜ぶ方法で行う強刺激です。例えば、保育園の年長さんだったら、ハグだったり、高い高いだったりで褒めてあげる必要があります。小学校であれば、手をさっと出して、「君の成長が、先生は本当に心からうれしく思う。握手してくれないかな。あなたが1歩踏み出した瞬間だから。本当に感動的なシーンだったよ」という形で、ぎゅって力強く手を握ってあげます。そして、「先生、あまりにもうれしかったから、お父さん、お母さんにお手紙書きたいんだけど、届けてくれる?」と言ってあげます。ポンポンと背中を叩いて、タッピングもします。ありとあらゆる方法で、強刺激を送ります。その行動を選択してよかったってその子が心の底から思えたら、またその行動を選択しようと思います。

習慣化してきたら、それは大きな成長なので、またそれを学級通信で取り上げたりします。あるいはお家の方に電話や手紙などで、間接的に褒める形でも強化していきます。

CASE5 休み時間のトラブル対応

授業以外での友達とのトラブルが目立つ場合はどのように対応したらよいのか。こちらについて解説していきます。

休み時間もそうですが、放課後の行動を教師が完全に把握することは不可能です。ここでも大切なのは、その対象となるお子さんに望ましい行動スキルを前もって教えて、できたら褒める。原則としてはここにつきます。

発達の凸凹が強いお子さんには、記憶がすり替わっているように感じることもあります。「継次処理」と言って、順番に記憶を思い出していったり、つないでいくことが苦手だったりすることもあります。今起きたこととさっき起きたことがあまり判別がつかないみたいなことです。何年も前に起きたことを今起きたかのようにしてフラッシュバックしてしまう子もいたりするわけです。その子にもやはり工夫していくことが必要になります。

例えば、「コミックトーク」という方法が有効なときもあります。毎回同じように遊びの場面で泣き叫んだりする場合であれば、おそらく自分のことを客観視することも難しかったり、話を聞き取ろうとしたときにうまく記憶が想起できなかったりすることが考えられます。「コミックトーク」という単語で調べてもらったらわかると思いますが、「今回休み時間にあったことをちょっと教えて。先生が絵にしていくからね」みたいな感じで4コマ漫画にしていきます。棒人間の簡単なイラストでかまいません。「最初に何したの。あーそうだったんだ。じゃあ、ここで並んでたんだね」「次にどうしたの。あーそうか、並んでるときにこうやって言われたんだね」「次にどうだったの。あ、あなたがこうやって言い返したんだ。おっきな声で言ったんだね」と簡単に4コマにしていきます。

そのイラストを見せてあげたら、音声では入りにくかった子が視覚的な補助を受けることができます。継次処理が苦手だったお子さんの記憶の部分もフォローできます。

その上で「どの場面でどうすればよかったと思う?」と聞きます。子どもは4コマの2つ目などを指さしたりします。「それだよ。よく自分でわかったね」と伝えてあげます。自分で認識させてあげて、正しい対応スキルを褒めます。

でも、それをまた忘れちゃったりすることもあると思います。また同じように正しい対応スキルを確認してあげます。「必ずできるようになるからね」「次、頑張ろう」と言って励まして、できたときに褒めるということです。

ここでも大切なのは、「それをしてみたい」という気持ちを起こさせられるかどうかです。今まで泣き叫ぶことが常態化してしまって、誤学習が習慣化されてしまっている場合というのは、引き剥がすというのは本当に難しく、時間がかかります。だから、一歩一歩なんです。そして「それをしてみたい」とその子自身が強烈に思えたら、一気に変わったりすることもあります。ここでは、「憧れ」という感情が強く影響します。それが、大きなモチベーションを生んだりします。だから、「かっこいい」行動や姿というのはなにかを具体的にその子に伝えてあげることも大切です。その子にとっての憧れをどのように生んであげるかということなんです。

例えばその子が仮に野球をやっているのであれば、「プロ野球選手だとか、あるいは甲子園に出ているお兄さんは、負けてパニックになったりしないよね。涙をすっとこぼしながら、グラウンドをかっこよく歩いて帰っていくよね」と伝えたりします。「ものすごい悔しいと思うんだ。でも、本当にかっこいい人というのは、負け方もかっこいいんだね」って話します。そう気づかせてあげる方法もあるんじゃないかなと思います。**憧れを生んで、その行動を選択したいと思わせてあげられるか否か**がポイントだということです。

CASE6 専科の授業で荒れるときの対応

次のような質問を受けました。

「専科の先生の授業など、担任がそばにいなくても荒れずに、子どもたちが自治的集団になるような指導や語りがあれば教えてください」

このことに慢性的に悩んでいらっしゃる先生方は多いのではないでしょうか。私にも、若い頃ありました。

まず、大原則として、指導とか語りだけではうまくいかないと思います。担任の指導や語りだけで、自分の手を離れたときに、専科の先生の授業でうまくいくのは難しいです。なぜかと言うと、子どもたちの集団としての特徴や立ち位置や役割というのは、その場に応じて引き出されるからです。これはチームだけじゃなくて個人もそうです。

人というのは、様々な環境によって自分の力を引き出されている、役割を引き出されていると見るのが自然だと思います。**大人の皆さんだって、場に応じて自然と顔を使い分ける**じゃないですか。例えば、職場ではバリバリに働いているビジネスパーソンが、家に帰ってきたら、お子さんに対してもうメロメロで子煩悩な親バカだったりします。バリバリのビジネスパーソンという顔も、親バカで子煩悩な顔も、その場で引き出されているのです。だから、「専科の先生の授業」という場でも引き出される自分がいるんです。

それは専科の先生との関係の中で引き出されているものなので、周りからの指導や語りだけでは、根本的な改善にはなりにくいです。これを確認しておく必要があると思います。ですから、まずはシンプルに「難しい」という大前提を押さえておきましょう。

ちなみに、もっとも手っ取り早くて一番簡単な解決方法は、先生が変わることです。専科の先生が変わるというのは、交代するという意味ではなく、その人の指導が変わったり、授業が変わるということです。したがって、その専科の先生と信頼関係が結べているならば、自分の授業を見に来てもらうことが手っ取り早かったりします。「あー、あの子たちは授業をちゃんと受けられるんだ」とか、「なるほど、こんなふうに指示を出せばいいんだな」と、**その先生が「変わろう」と思うと授業が変わります**。授業が変わると、子どもたちも自然と変わっていきます。これは当たり前のことですよね。授業によって子どもたちのキャラが引き出されているからです。だから、専科の先生の授業が変わることが一番なんですが、だいたいそれが難しいです。専科の先生の方が年齢や立場が上であったりすることも往々にして起こります。目上の人ならばなおさら「授業を改善してください」とはなかなか言えないものです。じゃあ、どうするかというと、私が具体的に行った方法をご紹介します。

私が勤めていた学校は、半分が英語の授業でした。実技系の音楽や図工や体育などは、ネイティブの先生がオールイングリッシュで教えていました。だから、その先生方の授業はもっと難しいんです。担当が変わるだけではなく、そもそもその人たちは日本語が話せないし、話さない。だから専科のたびに荒れたりしていたわけです。引き継ぎのときに、英語系の授業や実技系の授業が総崩れだと聞いていました。慢性的にひどかった教科があり、「もう行きたくない」と言って、子どもたちがボイコットしたり、授業中に飛び出したり、そういった状態の中でクラスを引き継ぎました。

私がそのクラスを受け持つことになり、まず該当の図工の授業に行く前にクラス全体に聞きました。「去年の図工の授業を振り返って、どうだったの?」と言ったら、みんなの声が暗くなって、顔も暗くなって、「すごくよくなかったと思う」と言っていたわけです。

そこで、客観的な視点に立たせてあげたりもしました。「図工の○○先生は君たちのことをどう思っているかな?」と聞いたら、その子どもたちは「たぶん嫌いだと思う」と言いました。「なぜ?」と聞いたら、「授業を聞かないし、行かないし、まともに受けようともしていないから」と話しました。私はまずそのことを受け止めました。「そうだったんだね」といったん静かに優しく受け止めた上で「今年はどうしたいの」と聞きました。やはり、新年度という切り替わりのときでしたので「いい形にしたい」と子どもたちが思える時期でもあるんですね。ですので、その子たちのその気持ちを後押しするような一言は私も発してあげたいなと思いました。そこで、次のようなことを言いました。

「こういうときに大切なことを一つだけ教えるよ。それはね、『はっきり変える』って決めることなんだよ。ちょっと変えるじゃダメなんだよ。なぜかというと、すでにその先生が、今言ったようにあなたたちのことを嫌いだったとして、君たちも去年よくなかったなって思っているとしたときに、なんとなくとかぼんやり変えたくらいでは相手に伝わらないんです。自分たちが『よし頑張ろう』という気持ちにハッキリと変えていく必要があるよ。話を聞いているときの目線の合い方もそうだよ。姿勢もそうだよ。頷き方とかもそうかもしれない。自分たちの気持ちをハッキリ変えていくとともに、○○先生が「今年の○年○組は全然違うな」と思う授業をつくれるかどうか。ここにすべてがかかっているんだよ」

そして、はっきり変えられるかどうかを応援するために、子どもたちに私は選択もさせました。

「もし自分たちだけの力で大変だとしたら、ちょっとコースを選んでみようか。ABCから選んでね。Aは渡辺先生が図工の授業の間ずっと図工室にいる。Bはちょっとだけ渡辺先生が見に行く。Cは一切見に行かない。じゃあ今日最初の図工の授業はどれがいい?」

こんなふうに私がどれだけサポートするかというのを、子どもたちに選ばせました。すると、

Aのずっといるというのには、誰も手を挙げませんでした。そして、Bのちょっとだけ見に来るに大勢の手が挙がりました。つまり、自信がないんですよ。私は「わかった。じゃあ、ちょっとだけ見に行くから。あなたたちがはっきり変わることを先生は応援してるからね」というような形で送り出しました。

ここでの指導のポイントは、まず子どもたちに内省を促したということです。自分たちがどうであったか、自分の言葉で言語化させます。これができるようになると、「よし、今度はこんなふうにしてみたい」というような気づきも生まれたりします。そこで「じゃあ、今年はどんなふうに図工の授業を受けていきたい？」と自己認知を向上させていく質問をしました。

ちなみに、これが学級経営の面白いところでもあり、難しいところでもありますが、担任の先生との強固な信頼関係がきちんと結べていることがすべての土台です。自己認知向上質問をすると、みんなで頑張っていこうという気運が高まったりしますが、関係がきちんとできていない場合は、同じように質問をしたとしても難しいです。まずはやっぱり担任の先生が子どもたちとしっかり関係を結ぶところが大事です。

条件が揃うと、子どもたちはやっぱり激変するわけですよ。そして、はっきり変わったというのは、自分が思うんじゃなくて、相手がそう思わないと意味がありません。つまり、○○先生に「あー今年は変わったな」とか、「頑張ろうとしているんだな」という気持ちが伝わるかどうかということです。いわば、先生の認知を変えるチャンスでもあるというわけです。

実際に私は、本当にちょっとだけ見に行ったんですよ。全員に私がちらっと見ていることを認識させただけで、あっという間にその場を離れました。

これが、とても大事なことなのですが、「あ、みんな私の視線を感じたな」という確認が取れてから、そこから立ち去ったということです。あとはきっとうまくいくだろうと思っていました。なぜかというと、私がちらっと見に行ったときに、すでにもう私の視線を感じながら、やってやろうという気持ちがもうありありとその姿に現れていたからです。そして帰りの報告を楽しみに待ちました。そうしたら子どもたちが言いました。「今日の授業は本当によかった」「なんだか自分たちじゃないみたい」と言うんですよ。これは図工の先生に絶対に伝わったなと思いました。そしてその翌日の朝に、その先生が「私、今年の研究授業、4年1組でやりたいと思います」と胸を張って言いに来てくれました。4年1組というのが私のクラスです。そして、その図工の先生は、どのクラスで研究授業をしてもいいにもかかわらず、初回の授業の様子を見て、その子たちと一緒に自分自身も成長したいと思ってくれたそうなんです。その先生は続けて「昨日の図工の授業、本当によかった」と言いました。私はニコニコしながら聞いて、「先生のおかげで素敵な授業のスタートが切れたみたいでうれしいです。ありがとうございます」と伝えました。こんなふうに子どもたちだけじゃなく先生も後押しすることが大切なんですね。

その後、教室でみんなになんて言うと思いますか。皆さんだったらなんて言いますか。こういうときは子どもたちに一番響く言葉で、端的に伝えるにはどうすればいいかを私は十分によく考えることにしています。子どもたちの認知を変える大チャンスでもあるからです。

翌日の朝の会、子どもたちが私の話を待っています。みんながこっちをじっと見ています。余計な言葉はここで挟まないようにして、私はにっこり笑顔で「職員室でね、噂になっているよ」って小さめの声で言いました。「え?」って子どもたちはなります。

「昨日の君たちの図工の授業のことで、職員室で噂になってるよ。4年1組が大きく変わったって先生方が本当にびっくりしてた。喜びっていうのはね、一定量を超えると驚きに変わって、驚きも一定量を超えると感動に変わるって話をこの前にしたよね。あなたたちは昨日の授業で、○○先生をね、感動させてたよ。すごいなって思ったって。もう職員室でざわざわして噂になっていたよ。それは、あなたたちがどれだけのことを成し遂げたのかということを物語っているみたいだったよ。自分たちの力で変えたんだね。本当にこれはすごいことなんだよ。大人でもなかなかできることじゃない。しかも、こんなにガラリと変えられるなんて、本当に先生は君たちのことを誇りに思います」

この話を聞いているとき、子どもたちもすごくうれしそうでした。

要するに、子どもたちだけでなく、先生方においても「行動をしてみよう」「自分から動こう」というような気持ちを起こさせるかどうかが大事ということです。教室でどれだけ言葉をつくして何度も指導したってダメなんです。その場所や環境によって自分たちのキャラクターが引き出されているからです。だからこそ、その場において、こういうふうに動きたいという気持ちを自ら起こさせられるかが大切です。

しかも、こちらが**お膳立てしたとしても、それをできるだけ見せないでおくこと**が重要です。自分の力でやったんだっていうふうにして、背中を押してあげるわけです。私は近くで、ただ感動したとか、驚いたとか、もう言葉にならないみたいな感じで一ギャラリーとして感動を伝えます。「私は何もしてない」という立ち位置をいかに取れるかです。だから、子どもたちにも、「先生はちょっとしか見に行かなかったでしょ」と言いました。「たしかに」とみんなが言いました。実際に私が図工の専科の授業で使った時間は10秒足らずです。それでも、「見ているよ」「応援しているよ」という視線を子どもたちが受け取ったんですね。ここが大事です。

自分で変えることができたという自信を持って次に進んでいくことができれば、「あなたたちはあのときに自分たちで変えることができたんだから、今度だってきっと自分たちで乗り越えられるはずだよ」という言い方ができるようになります。これはこの図工の授業だけに限った話ではありません。

そして、ここぞと思うときにポンと背中を一押しできるか、しかもそれをできるだけ見えないようにするのが、プロの教師であるか否かの分かれ道だと思っています。

子どもたちもチームもそれぞれですし、地域によって、学校によってもバラバラなので、ぴったりの方法というのは絶対にその場の先生ならわかると思います。専科の先生はあのキャリアであのキャラクターだから、この言葉が絶対うれしいだろうというのは、その場の先生が一番わかるはずです。もちろん子どもたちにもそうです。

ポイントは本当にシンプルでした。自ら動きたくなる気持ちを起こさせること。そして温かな後押しをすること。しかもそれが見えない後押しであれば最高だということです。

CASE7 ひどい言葉を使った落書きへの対応

次のケースについてお答えしていきます。

「同僚の教員が子どもを刺激するようなことを言ってしまい、特別教室の机に『(教員の名前) しね』と書かれていました。誰が書いたかは特定できていません。今後の対応や、その先生の心のケアをどうしたらいいか教えてください」

こういうことはよくあることなんじゃないかと思います。子どもたちは、知っている言葉の中でしか行動ができません。まさに「感覚・認知・行動」のところで、行動の選択肢がそれしかなかったりだとか語彙が少なかったりすると、ついついそういう極端な行動に走ってしまったりします。あるいは、そういった形でしかストレスを発散できないという誤学習、誤った行動パターンを学習してしまっていることが考えられるわけです。

教員というのは、まだまだ未熟なお子さんたちを相手にする仕事ですから、そういうことは普通なんじゃないかなと思っています。なんなら大人だって、言葉の使い方で身を滅ぼしてしまったり、人生を暗くしてしまうことは十分にあるわけですよね。大人よりも未熟な子どもだったらなおさらなわけです。そういったリスクや難しさがあると受け止めつつやるのがこの仕事だと思います。なので、私としては、書かれてしまった先生はプロとして特段のケアはむしろいらないと思います。自分で乗り越えられると思います。**そういう未熟さに対応していくのが我々の仕事だ**ということです。

でも、もしかしたらその先生が初任だったり若い先生だったとして、その「しね」という言葉にひどいダメージを受けているのであれば話を聞いたりするなどの対応は必要です。なんなら、「こういうのってよくあるんだよ。なぜかというと、子どもたちは未熟だから、そういう言葉を使ってしまうんだ」「ま、その成長過程に向き合うのが、我々の仕事だからさ」というような感じで話を聞くかもしれません。特段、その先生の状態がひどくなっていない限りは、その先生が乗り越えるチャンスでもあると思うので、すべてサポートやフォローといったケアをしてあげる必要はないんじゃないかなと思っているところです。こういった子どもたちの姿に対応していく中で、教師としての腕が磨かれていくものだと考えています。

「先行条件で教員が子どもを刺激するようなことを言ってしまった」と質問にはありました（本文では割愛）。この「言ってしまう」というその表現には、おそらくよくないことを言ったというニュアンスが込められていると思います。「そういう対応をしちゃダメ」と、この質問をした方は思っているんだと考えられます。その上で、その子が誤学習、誤った行動をしてしまったというときに、その子に指導を促していくことも必要ですが、「こういうときにはこういう対応の方がいいかもしれません」と正しい指導方法を教員集団で共有していくことが一番の近道だと思います。

仮に、その先生の指導が一切変わらなくて、「いや、気にすることないですよ」とフォローやケアばかりしていたとしたら、先行条件は変わらないので、また同じようなことが十分起きることが考えられます。自分の指導を改善していくことが、教師としての正しい道ですので、「一緒に考える」ことが重要です。落ち込んでいることを聞く必要もあるかもしれませんが、やはり一番大切なのは、「どういう対応が相応しいのか」を共有することです。この「しね」と机に落書きしてしまう行動は、その子の未来にとって絶対よくありません。この行動がよくなったり、減っていったり、改善していくためにはどうしたらいいかを考えていこうという話になっていくと思います。

では担任として、どんな対応が考えられるかと言えば、ここまで何度もお話ししていますが、正しい行動スキルを教えて、できたときに褒めることです。その子を特定できてないから難しさもあります。でも、特定できてなくとも、それがなくなったりしたら、その子は行動を改善したんだなと見ることもできます。

例えばですが、この机に落書きというのは、シンプルに法律の上で照らして言うならば、器物損壊なわけです。どのくらいの量刑かと言うと、3年以下の懲役または30万円以下の罰金です。もしくはその両方という形になっています。明確な犯罪行為なわけです。子どもたちは、こういったルールはおそらく知りません。大人は知っています。誰かのものを壊したり、その機能を失わせたりしてしまったら、それが犯罪行為だとわかっているからやりません。

まず、このルールを明確に教えることを私は結構やっています。「知らないと損しちゃうし、知らないと君たちの未来が危ないし、リスクもあるから、君たちの明るい未来のためにも教えるね」と言って、「厳しいことかもしれないけれども、大切な勉強だからよく聞いてね」と伝えます。道徳だとか学活の時間を活用して、早めに楔《くさび》として打っておく方がよいと思います。今回のケースで注意することは、ことが起きてからそういうルールを教えてしまうと、その人のことを言っているみたいな感じになってしまうので、私はあんまりおすすめしません。でも、やっぱり、ルールがわかっていないんだったら、ちゃんと教えてあげることは大事です。自閉傾向のお子さんだとか、こだわりが強いお子さんというのは、ルールがものすごく入りやすかったりします。これはこういうルールだからみたいな形で、ストンと納得できることが少なくありません。

少しだけ時間をあけて、明確にルールというものを教えるべきだと私は思います。その子がピンポイントで自分に言っているなと思わないぐらいの時間間隔を空けるようにします。その上で、**「ルールとマナーの違い」は絶対に教えます**。ルールというのはペナルティがあるほどの強制力があって、これを守らないとみんなで楽しくこの社会で暮らすことができない。だからルールが定められている。マナーというのは思いやりで、それを守らなくてもペナルティを負うほどの強制力はないけれども、それをするとみんなが気持ちよくなる。このルールとマナーを知っているだけではいけません。モラルも重要です。モラルというのは意思決定なので、ルールとかマナーを守るかどうかを決める力です。これがある人が本当にかっこいい人なんだと言って、そういう人たちに対する憧れを持たせてあげることが大切です。

最後に申し上げたいことは、その先生と話し合う際に、「こういうのはダメですよね」とか「こういうことしちゃダメだ」という形だけだと、どうしてもその人の行動変革には至らないということです。実際に子どもたちが変わっていくような指導を見せてあげる必要もあります。そこに憧れであったり、自分もやってみたいといった意欲が湧いてきたときに初めて変わるわけです。つまりは、自ら行動する気持ちを起こさせること。やっぱりこの一点に尽きると感じています。

CASE8 衝動性や攻撃性のある子への対応

ここでは質問をご紹介してから解説していきます。

低学年の頃から教室を飛び出しカッターを振り回すなど、大変だと言われる子を担任しています。字を書くことにイライラし、暴言を吐き、リコーダーに「しね」と言うほど手指の感覚に課題があります。校外学習で集団で集まったときに「うるせえ」と言うなど聴覚の過敏もあり、また、姿勢保持が難しく、寝転ぶなど身体感覚にも課題があります。

算数の問題が解けなかったときに、「死んでやる」と窓に足をかけているので、生命の危険があるときと他害行動のときは親を呼んで帰すことを本人と親に約束をしました。

親に医療機関でのセカンドオピニオンをすすめた結果、薬を服用し始めました。周りの刺激を減らし、急な予定変更はせず、褒めることを増やしました。

不登校ルームでのクールダウンが1日2、3回だったのが、今は3日に1回に減りましたが、手や目など三重のチックが出ており、家で針が飛んでくるなど妄想も出ており、薬も上限のグラムに達しました。

親と管理職面談も行い、特別支援級への体験日程も決まりつつあります。IQは120と高いので、交流授業をかなり行うと思います。

特別支援級と交流を行う際に気をつけることなどありましたらぜひ伺いたいです。


まずですね、ここまでの対応が大変だったと思います。急な予定変更を減らしたりだとか、褒めることを増やしたりだとか、一所懸命に対応されていることは、間違いなく効果が出ていると思います。

おそらく薬は、コンサータかストラテラかなとは思いますが、上限のグラムに達したとありますが、1日に何を何回かということがわかると、私のアドバイスも具体的になるのではないかと思います。家で妄想が出ていたりだとか、チックがあったりだとかの様子を見ていて、個別の指導の方がよいと話が進んでいるのではないかと推察しております。

今回のようにIQが高い場合というのは、別の難しさが生まれることが少なくないんですよね。まだ通常級でいこうと、転籍の対応がどんどん延ばしがちになってしまうことも考えられます。「しね」と言ったり、大きな叫び声を上げたり、「うるせえ」と怒鳴ったりだとか、誤学習のもう集合ですよね。そうやって自分の思うままに、手っ取り早く大人が言うことを聞いてくれたり、注目を向けてくれたり、いろんなプラスを得てきているからこそ、この行動が消えていかないのだと思います。

今回の質問は、特別支援級と交流を行う際に気をつけることはなにか。私ならばまずこういうことをするだろうなとか、この手とこの手は打つだろうなということについて少しお話をします。前項での「ルールとマナーとモラル」については前提としておそらくすると思います。つまり、「うるせえ」とか「しね」というような暴言だとか、カッターを振り回すだとかは、この世の中ではルールとして明確に禁止されているんだよと伝えます。このときも、語気を荒らげては絶対ダメで、あくまで淡々と伝えることが大切です。

大きな声や怒鳴り口調で伝えると、「怖い」「うるさい」などの感覚しか入らなくて、肝心の内容が入っていかないことが多いんですね。そして、ルールを破ったときのことも、本人が落ち着いているときに伝える必要があります。もし、それが担任の先生からだと入りにくい場合は、その子が落ち着いて話を聴ける人から伝えるとよいでしょう。すでに相当認知の部分に歪みが生じていることが考えられるので、少し本人と距離のある人の方が入りやすいかもしれません。

それからルールやペナルティについて話すだけでなく、「最近すごく成長したよね」というさりげなく成長を褒める一言も本当に大事です。「すごいね」や「できたね」といった「点」ではなく、「成長したね」という**「線」の褒め言葉が重要**です。どんな些細なことでもいいので、事実を取り上げて本人の成長を褒めることで、自ら行動改善をしていこうという意欲が出てくるようになります。さらに、いろんな方から褒めてもらったり認めてもらえるということも大事だと思っています。なんなら、クラスのみんなを巻き込んで、「○○君って変わったなって思う人？」と聞いて、みんながわっと手を挙げるような事実がつくれたとしたら、ますます正しい行動が強化されていくことは間違いありません。

「ルール」という前提を教えた上で、「成長したね」という言葉でもって、その日々の変化を見取ってあげます。

ややもすると、何かしでかしたときにだけ指導がなされて、何もしなかったときには、特に褒めたりだとか認めたりすることがなかったりします。こういう状態になってしまうと、先生が警察官みたいに取り締まる人の役目になってしまいがちです。もちろん何かあったときには対応しないとダメなんですが、特に何もなかったときにも、つまり平常時における些細なやり取りの中で小さな成長を見つけ、「線」の褒め言葉で認めていくことが大切だということです。こうすることで、「学校」や「先生」に対する認知も少しずつ改善していくんですね。

他にもいろいろできることがあります。例えば、「死んでやる」とか「うるせえ」といった暴言や他害行動に対して、以前紹介した「トークンエコノミー法」を掛け合わせることもできます。暴言を言いそうになったら、先生のところに言いにおいでとか、深呼吸を3回してねとか、手をグッパグッパってやってみてとか、なにかしらの代替行動を教えてあげます。それができた日には、シールやハンコやスタンプなどを押してあげる。これが貯まったら、○○くんの心が一段成長したということで、そのときは一緒にお家の人とお祝いをするといった対応方法です。

また、「当事者研究」という方法もあります。これは、自分の中の制御できない衝動性や攻撃性みたいなものを、他人事のようにして扱う手法です。例えば、A君の心の中の攻撃性や衝動性に「イライラくん」と名前をつけたとします。そこで、「最近イライラくん出てこないね」みたいな話をしたりするととても有効な場合があります。それだけで、自分の中の得体の知れない攻撃性や衝動性との付き合い方がうまくなったりするんですね。つまり、**正対しすぎない、距離が近すぎない、温度を上げずに淡々と伝えてあげること**がすごく大事なことだったりします。

さらに、子どもの語彙《ごい》や行動のところで選択の幅が少ないということも十分に考えられます。0か10でわーって怒っていることが結構多いと思います。平常時と大噴火の2パターンしかない状態ですね。ちょっと怒るとか、なんだかイライラするといった中庸がなかったりします。したがって、この0から10の間のグラデーションをちゃんと教える必要があります。怒りの段階として、「今どのくらい怒ってるの?」と言って、その子には、「こういうときはね、そこまで怒ることじゃないんだよ」「9じゃなくてだいたい2くらいじゃないかな」って教えてあげたりします。「わーって大きな声を出すんじゃなくて、先生のとこに来てね」「今ちょっとムカついてるって言いに来たらいいんだよ」と話してあげます。つまり、怒りそのものを抑えるのではなくて、段階を教えます。そして、それに応じた方法を教えてあげるとよいと思います。

特別支援級に行ったとして、交流授業のときは、その通常級での過ごし方や振る舞い方で、「ここだけできたらすごいね」と目標を前もって具体的に決めておきます。そして帰ってきたら、ポイントがもらえたり、褒めてもらえたり、「成長したね」って言ってもらえたりするような仕組みをつくっていくことが大事だと思います。そうすると、成長や改善のサイクルが生まれていくので、その後の行動が大きく変わっていくと思います。

CASE9 意図的に授業を妨害する子への対応

「話を遮って授業の妨害をしてきたり、大声で文句を言ったりして、まったく活動をしない子」への対応方法について解説していきます。

このようなケースで同じように悩んでおられる先生も多いんじゃないかと思います。みんなに迷惑かけていることなんてもうなんのその。好戦的で、なんなら、毎日のように口論をふっかけてくるようなこともあると思います。こういったことを楽しみに変えてしまっている、まさに誤学習なわけです。誤った認知だとか誤った学習によって、その行動が強化されている状態です。ピッタリ当てはまるかどうかはわかりませんが、「反抗挑戦性障害」というものがあります。これには大きく3つのパターンがあります。

1つ目は、過剰に怒りっぽい、すぐにイライラする、癇癪を起こしたりする、周りからの刺激に過剰に敏感であるなどといったところです。

2つ目としては、周囲に挑発的な行動をとることや口論が好きだといったことです。大人が決めたルールや、権威のある人に噛みつきがちだったりします。わざと周囲の人をイライラさせたり、自分の失敗の原因を他の人のせいにしたりすることも特徴の一つです。

3つ目として、意地悪で執念深いということもあります。相手を傷つけたいという悪意のある行動をすると、それがプラスの働きをもっている、快刺激になってしまっているということです。これらが反抗挑戦性障害の大きな特徴の3つです。

それでは、どうやって手をつけていけばいいかというご相談にお答えします。この「反抗挑戦性障害」といったものはADHDの二次障害としても知られています。二次障害というのは、対応を誤り続けた結果、より重たい障害を生んでしまうことです。ADHDのお子さんに対して、誤った対応や不適切な環境が続いてしまうと、二次障害として、反抗挑戦性障害を引き起こすパターンがあります。

ですので、ここにピタっと当てはまっていると思うのであれば、ADHDのお子さんとしての対応が有効だったりします。それが何かというと、ADHDのお子さんはドーパミンが足りなかったり、あるいは過剰に分泌されたり、バランスがうまく効かないことが、その主な原因の一つだと言われています。したがって、医療機関に相談した際に処方されるお薬というのは、ドーパミンの量を調節したりするお薬だったりするわけです。薬だけに頼らなくとも、第1章で紹介したように、人との関わりの中で生んでいくことも可能です。おさらいとして言っておくと、「うみもこへ」です。「動きをつける」「見通しを持たせる」「目的を伝える」「高得点をつける」「変化をつける」ですね。これをするとドーパミンが出てくるので安定しやすいです。

慢性的にずっと先生の方を見ながらニヤニヤとしたり、指示に従わなかったり、隙があれば他人のせいにしようとしたり、非常に対応が難しいです。人や環境が大きく変わらないと難しい場合もありますが、できることとしては、このドーパミン5を活用しながら、面白い授業をしていくことです。思わずその作業に没頭してしまう状況をどれだけ長くつくるかがポイントになります。

このときに、自分一人の力でやるのではなく、**教材の力を借りてみるとよい**です。例えば、視て写すといった視写教材です。面白い作品を視て写す課題など、タイムが測られているから思わずやってしまう。力のある教材を渡すだけでシーンとなって取り組む時間が増えたりするわけです。シーンとしたときに、できるだけその子が受け取れる状態で褒めていきます。反抗がベースにあるため、みんなの前で褒められるのを嫌ったりする場合もあります。この場合はなかなか言葉が入らなかったりします。

ではどうすればよいかと言えば、やはり「薄めて褒める」ことです。例えば、A君のいる周りのグループや列に、「ほんとに静かに集中できてて素晴らしかったね」と言えば、Aくんだけを褒めたことにはなりません。あるいは、お家の方に「今日の国語の視写の時間に、すごく集中した姿が見られてほんとにうれしかったんです」と伝えて間接的に褒めることもやっぱり有効です。

または、反抗挑戦性障害で間違いないだろうと考え、保護者の方と関係がある程度できているならば、専門機関の力を借りることも視野に入れましょう。もし、そこまではいかないと判断できるなら、ここでも「前もって伝える」ということは有効です。衝動性が高くて、ついついブレーキが利かない場合、「こういうときはこうしようね」と前もって伝えておいて、できたときに褒めてあげます。

あるいはこれも復習になりますが、「タイムアウト」という方法もあります。こちらの指示にまったく従わなかったり、一線越えたなというときには、その場から離してあげることです。これも重要です。もちろんこのことも前もって伝えておきます。いきなりやってしまうと、関係が崩れる場合があります。みんなの前でも言ってもいいかもしれません。例えば、二度、三度注意しても、一向に改善の様子が見られなかったり、反抗的な態度が見られた場合は、「申し訳ないけれども、みんなが勉強する空間でもあるからね、その人にはいったん出てもらったりとか、校長先生に話をしてもらったりとか、お家の人に来てもらってお話をすることがあります」と伝えておきます。前もって宣言したことなので、他の先生の手を借りてもいいです。特別支援のコーディネーターの方にお話をしてもらってもよいでしょう。

さらに、「セーフライン」や「代替行動」という手法も有効になる場合があります。「セーフライン」というのは、ここまでならしてもいいよと線を引いてあげることです。そういうお子さんは、注意を受けたりすることが日常化していることも少なくないはずです。そうすると、注意に慣れてしまうわけです。ですから、あれもこれもダメと伝えるのでなく、「ここまでならば大丈夫だよ」とラインを示してあげます。それは、教師のコントロール下に置いてあげるということでもあります。そして、ちゃんと守られているならば、それ自体が褒める材料にもなります。

「代替行動」というのは、こんなふうにするんじゃなくて、このときはこうしたらいいんだよと、別の方法を練習させることです。ここもいろんなやり方があるので、ぜひ先行実践を調べてみてください。

自分が減らしたいなと思っている行動を、その子はどうしてもとってしまうわけです。反抗挑戦性障害の場合は、それを意図的にしてしまう。こちらが嫌なことだったり、やめてほしいということをわかった上でしてしまうので、より厄介だったりするわけです。でも、誤学習しているものはどこかで正さなきゃダメです。自分が言ってもダメなら、どなたかとタッグを組むことも必要です。**言葉が入る人から言ってもらうのが実は一番よい**のです。学校の中に1人でもそういった人がいてくれるのであればなんとかなる。でも、1人もいない場合は緊急事態です。保護者の方だとか、専門機関だとか、ありとあらゆる方法を使って、その子に言葉が入る道を探っていくことが大事です。

それから、その子の取り巻きについてです。その子をはやし立てたり、冷やかしたり、火に油を注ぎ続けているような環境もあります。周りの子が、ずっとそれを慢性的に行ってしまっていればすごく難しいケースになります。その周りの子たちに対しても、指導する必要があります。

いっぺんにやってしまうと、負けてしまいます。子どもたちは徒党を組んでいるわけです。教師というのは得てして、1人対全員でやってしまいがちです。そうではなく、そこは1人ずつ対応するのが原則です。そのグループには理性的なお子さんもいるはずです。

全員が衝動的かと言ったらそうではありません。中には、理性ではブレーキがかけられるのにかけないお子さんがいたりします。だから、個別に呼んでもいいです。そのときに、「これ以上こういったことが続くのであれば申し訳ないけれども、あなたのお父さんとかお母さんにね、学校に来てもらって、校長先生と一緒にお話をして、この方法とか打開策をみんなで考えていかなきゃダメなんだ」と、それくらい大変なことなんだよと言って、詰めてもいいかもしれません。

そうしたら、やっぱり止まります。1人ずつが精神的に自立していくこともそうですし、あとはその子たちを物理的に離してあげることもすごく大切です。席替えという方法もあります。

でも、やはりとにもかくにも**大事なのは「授業の改善」**です。ここに尽きるわけです。楽しくて、ついついそれをやってしまうとか、周りが熱中とか没頭しているから、その子もついやってしまうような、前向きにポジティブに変換できるようなトリガーを授業の中につくってください。そして、ぜひとも記録を取っていきましょう。なぜかこの授業のこの場面では反抗的な態度が少なかったなとか、記録をつけていると客観的に自分の授業を見ることができるようにもなります。そこに改善の糸口が存在しています。

CASE10 複数の学級崩壊クラス・学年への対応

複数のクラスで学級崩壊というのは緊急事態です。緊急事態だからこそ、効果のある方法しか紹介しません。特に大切なことを3つお伝えます。

まず1つ目は、**「トップが動く」こと**です。トップとは校長先生です。最後の砦という理由で、校長先生が動いてしまうと後に引けないとか、これ以上の対応がしにくくなるとか、そういった理由でトップが動かないことがありますが、そんなことを言ってる場合ではありません。緊急事態なんですから。ここは校長先生に動いてもらいましょう。

学年集会などを開いて、校長先生からも対象の学年にだけ話をするといった形です。よくないということを毅然と伝えてもらう必要があります。そして、何のために学校に来て学んでいるのか、子どもたちが理解しやすいように、イメージできるように、校長先生から明確に伝えてもらうのが、即効性が非常に高いです。1番偉い人が僕たちに言ってくれてるんだ、言わなきゃダメな事態なんだってことを、はっきり伝えるということです。これはもちろん、保護者に対してもそうです。

悠長なことを言っているとどんなことになるかと言ったら、今ギリギリで頑張っておられる担任の先生が、病気になったり離職するなんてことも全然考えられます。もし校長先生の認識がそこまででないのであれば、何人かで校長室に行く必要があります。

2つ目は、「仕組みをつくる」ということです。問題解決のための仕組みですね。少し厳しい言い方でもありますが、問題にしてしまっているのは教師側でもあり、この課題を解決するための仕組みを整えないと、場当たり的に個人で対応していてもうまくいきません。どういう仕組みをつくっていくのかを、ケース会議での主な話題にしてもらわないと、その次には進めません。そこで、いくつかポイントをお伝えしておきます。

まず、誰が対応するのか、その場所や時間もはっきりと決める必要があります。教室からのエスケープが常態化してしまっている状態であるならば、そのクラスの外側に誰か1人ついておく必要があります。**出てから動くのでは遅いです。出る前に、動いておかなければいけません。**事務職員さんや栄養教諭の方など総動員でやって、廊下に1人いてもらって、その状態で仕事をしてもらう。それを交代でする。その必要があります。このときに、対応する場所を決めておくといいです。この場所をクールダウンスペースにするとか、ここの教室に入ってもらうという形です。その先生が対応している間に、他の子がエスケープするならば、第二陣が行く。そこまで仕組みとして考えておく必要があります。

担当の先生が指導する際のポイントも伝えます。まずは「時間」です。5分指導しても教室に戻れないとか、それでもパニック状態であるだとか、クールダウンが見られないならば、指導する先生は交代した方がよいです。ここがポイントです。**同じ人が長い時間を使って指導しても、基本的にうまくいかないことの方が多いわけです。**

でも、先生という仕事についている人は、20分とか30分とか平気で指導してしまうことが多いんですね。これがよくありません。5分間対応してもうまくいかないならば、人が変わった方がいいです。なので、第一陣の先生が難しければ、次は学年主任の先生とか、それから特別支援コーディネーターの人だとか、ちょっとずつ話が大きくなっていく仕組みを取ってください。この時間でうまくいかなかったから、じゃあ次の先生に変わってもらうねという形で他の先生に変わっていきます。

その先はどうなるかと言ったら、教頭先生とか校長先生になっていくわけです。さらにその先はお家の人になります。このような対応方法については伝えてしまってもよいと思います。これはまずいことなんだなって子どもたちは理解できます。

一人ひとりが指導する際のポイントについても練習しておく必要があります。例えば、子どもが飛び出したときに、そのお子さんに自分がやったことを言語化させる必要があります。「あなたはさっき何をしてたんですか?」という形で問いかけます。「国語の授業中に廊下に出て遊んでいました」などと自分でまず言えるかどうかがすごく大事です。言語化できたのであれば、「今は何の時間だったの? 守るべきルールは何だったの?」と、何の時間だったのか、何をすべき時間だったのか、ルールは何だったのかと聞いてあげるとよいです。

ここで大切なことがあります。感情的になってはいけないことです。極めて凜と淡々と聞けばいいです。感情的になってしまって、「何してるんだ!」みたいな感じになってしまうと、**その熱量や感情のところだけが入ってしまって、大切な内容が入らなくなってしまいます。**

言語化ができない場合であれば、「あなたは国語の授業中に廊下に出たから、今ここに来たんだよ」と言ってあげたらいいでしょう。その上で、守るべきルールは何だったかを問えばいいでしょう。それが言えたら、褒めてあげたらいいです。それも言えなかったら、「教室で授業を受ける時間だよ」とはっきり教えてあげたらいいのです。

この一連の対応においても大切なことは、この仕組みの中にちゃんと**記録をつくっておくこと**です。今日は何回飛び出したのか、子どもたちに聞いてみてもよいです。もし言えないのであれば、「今週は何回目だよ」と伝えてあげるとよいです。

仕組みづくりのところでもう少し言うと、これまでにセーフラインの話はしましたが、教室から出るのはアウトだけど、教室の中のここに座るのはオッケーといったように伝えます。ここまでならよいと、代替行動をきちんと伝える必要があります。できたときは、それを絶対に褒めてあげてください。強化していきます。強刺激で褒める必要があるんです。

強刺激で褒められていないから、その行動が強化されていかないのです。ループが逆になっている場合も見受けられます。指導のところで、どうしても強刺激になってしまって、「何してるんだ！」となっていること自体が、子どもたちにとっては何よりのご褒美になってしまっていることもあります。注目や注意喚起のところが満たされていることがあります。ここまでお読みになられた方はわかると思いますが、褒めるときは強刺激で、指導するときは低刺激です。子どもが刺激してきたとしても、こちらは極めて努めて冷静に。これが大原則です。そして、教えて褒める。この循環を生んでいって、望ましい行動の目が出てきたときに、担任の先生だけではなく、関わっておられる先生全員で注目の光を注いで引っ張り上げていくようなイメージです。

3つ目は、授業を改善することです。これまでにも何度もこの点についてはお話ししてきました。でもやっぱり改善の王道はここなんです。ここに尽きると思っています。学校で過ごす時間のほとんどは授業です。知的で面白い、思わず聞いていたくなる、思わずやりたくなる。教材の力もたくさん借りてみてください。前述した「視写系」は、こうした崩壊学級では特におすすめです。その他にもいくらでも方法はありますので、この時間は最初にこれをするといったようにルーティンとして決めてしまうと、それだけで授業が安定したりします。「フラッシュカード」などの活動的なものをきちんと入れるのも有効です。45分間座りっぱなしでやらせるのではなく、授業の中に活動を取り入れていって、子どもたちが生き生きと学べる仕組みをつくっていく必要があります。「フラッシュカード」は声がたくさん出ますので、それだけで活性化します。そして、ドーパミンも出て集中する、それが持続する、そんな流れができていくわけです。

あとは、かるた教材、百人一首も私はおすすめします。このような簡単な短いゲームの中で、規律をきちっと教えていくということ。そして、先生の話を聞いてたらこんないいことが起きるということ、熱中や没頭が生まれると面白いと体で感じさせてあげることが大切です。

この3つ目の授業改善は、とても難しいことだとは思いますが、これをしないことには真の意味で立ち直りや行動改善は難しいことも覚えておいてください。

CASE11 学校・教室に行き渋る子への対応

ここでは、特別支援学級の6年生で教室に行けない子どものケースを解説していきます。教室に行くというのは、交流学習を想定しています。

こういった特定の活動や場に行き渋るとか行きにくいという場合には、まず王道としてやった方がいいのは「環境調整」です。家から学校に行き渋ってる場合だとか、支援級から教室に行きにくいといった場合には、そこでの環境の落差みたいなものがあります。

例えば、家で過ごしているときに、どのように過ごしているのかを確認する必要があります。家ではゲームし放題、漫画読み放題、好きなお菓子食べ放題で、お母さんにお願いしたらお買い物にも連れて行ってくれるみたいに、自分の願い事が叶えられまくっている状態だと、これはもう一種のアミューズメントパーク状態と言えるわけです。この状態と学校とを天秤にかけたときに、学校の方にプラスの重りがほとんどありません。

したがって、行き渋りや不登校には「天秤の法則」というものが語られることがあります。だから、まずやらなきゃいけないことは、こういった場合には、学校がある時間帯には、ゲームとか漫画はなしにしてもらい、家でのプラスの重りを下ろす必要があるわけです。お家の人に協力してもらう必要があるということです。

そして、行き先でのプラスの重りを増やしていくことを考える必要があります。その方法はいくつもあります。その活動自体が面白くなるということや、自分の成長が実感できるということもそうです。

あるいは、その活動自体がその子にとって面白くなくとも、プラスの重りを増やすことはできます。例えば、前述した「トークンエコノミー法」です。トークンは、代替貨幣の意味で、お金に代わる価値のことです。お店でもらえるポイントカードをイメージしてもらえたらわかりやすいです。お金自体をもらっているわけではありませんが、ポイントというお金に代わる価値をもらっているから、その行動が増えていきます。そういう原理原則に基づいたものです。これを教育場面でも応用していきます。

実際に私が対応した事例で言えば、バス通学をしている子が、毎回お母さんとそのバス停で離れるたびに、火がついたように泣いていました。どうしても乗れなくて、学校に行けない。それがもう何日も続いているお子さんがいました。

そこで、その子の保護者にまずお願いしたのは、先ほど言った通り「環境調整」です。家にいる間に、できるだけプラスの重りが増えないようにしてもらいます。ここでは「ポジティブノーリアクション（意図的な無視）」と言い換えることもできますが、できるだけ学校を休んだ場合はつまらない日常をつくってもらいます。もちろん虐待するわけではありません。ちゃんとご飯も出してあげますが、「なんだか学校の方が面白いかも」という状態になるように、家庭での環境を調整してあげてくださいねということを親御さんに伝えていくわけです。

このように環境調整したとしても、学校にプラスの重りがないとなかなか気が向かないのが、子どもたちの特性だったりします。そこで「トークンエコノミー法」を次のように使いました。まず、バスに乗れたら1ポイント。そして、座席に座ってシートベルトを締められたらさらに1ポイント。学校に来て、先生に自分から「おはようございます」と挨拶ができたらもう1ポイント。これで合計3ポイントとしたわけです。そして、ご褒美には、その子の好きそうなキャラクターのシールやハンコなど、ちょっと喜ぶようなものを渡しました。ご褒美に至るのは、5ポイントで設定しました。もちろん、お家の方の了承をもらって取り組みました。

実際にどうなったか結論から言うと、行き渋りが一切なくなりました。びっくりするぐらい鮮やかになくなりました。学年全体の他の先生方も驚いていましたね。しかもそのきっかけが、ちょっとしたハンコとかスタンプだったわけです。でも、そこにはいくつかのポイントがあります。

まず1つ目に、ご褒美までの道のりです。遠すぎてもダメだし、近すぎてもダメだということです。**ちょっと頑張ったらご褒美に手が届く、このさじ加減がすごく大事なんです。**

この子の場合は、3ポイントまでは1日でたまるわけです。ですが、2日以上頑張らないと、ご褒美には手が届きません。たった1日で達成させてしまうと、それは短すぎるし、3日だとその子の頑張りが発動されにくいだろうなと思いました。私の中では2日でクリアできる5ポイントが妥当だろうと考えました。ポイントの貯め方やご褒美までの距離というのは、そのお子さんとの関係の中で考えていく必要があります。

それから、**目先を変えるという方法も有効**だったりするわけです。その子は、お母さんとの愛着から、母子分離のところでの不安がありましたが、バスに乗るという1歩や、シートベルトをカチャっとする瞬間にポイントが入るように、目先を変える必要があるなと私は考えました。そこに意識が集中していくと、お母さんからの離れやすさのようなものがつくられていくと考えたわけです。

ある有名な心理学者の方が言っておられました。学校まで行っても教室に入れないお子さんがいたときに、「左足から入るんだよ」と伝えることで、その教室に入ることができたということです。どっちの足から入るということは大した問題ではありませんが、「左足、左足」と言い続けて、その子が左足から入ることに集中することによって、今まで1歩も入れなかった教室に入ることができたとお話しされていました。ストレートな行動改善ではなく、その周辺のきっかけとなるような行動にポイントを与えてあげることもおすすめです。

CASE12 指導に反発する子への対応

教師に対して攻撃的な態度を取る、「めんどくさい」「黙れ」と暴言を吐く。指導をしたら怒り出し、泣きわめく、暴れる。その子に時間をかけすぎると全体指導がおろそかになってしまう。このような子どもに対してどのように対応すればよいか。

この質問では、先行条件として、授業に来る前に友達からからかわれるなど嫌なことがあったことが挙げられていました。

これが先行条件としてあるならば、気持ちが逆撫でされている状態、ささくれ立ってる状態と言えますので、どんな指導をしても入らないことは十分に考えられるわけです。ここでの鉄則は、やっぱり「ポジティブノーリアクション」です。ささくれ立ってるときは基本的に取り合わない。うるさくて授業にならないとは思いつつ、それでもなおできるだけ取り合わない、低刺激で対応します。優先すべきは、全体の指導です。その子に対応する前に全体がありきです。

その全体指導が楽しかったりだとか、熱中したりだとか、そういう授業になっていれば、自然と問題行動はなくなっていきます。ここがとても大切です。**周りの子が「ちょっと静かにしてよ」とか、「やめてよ」という雰囲気になっていくわけです。**ここでも最も有効な策としては、授業を知的で面白いものにするということに尽きます。生徒指導でなんとかするよりも、王道は授業を改善する、授業をよりよいものにしていくことです。

さらに言うと、授業における全体指導がうまくいったときの波及効果としては、まずその子との信頼関係が結びやすくなることです。この授業だと成功体験が多く積めるとか、自信が持てるとか、この先生の授業面白いなとなると、自然とその先生の指導が入りやすくなります。なぜかというと、信頼や尊敬が集まるようになるからです。その子の認知が変わって先行条件も変わるんですね。そうすると、ちょっと話を聞いてみようかとなったりもします。やはり、すべてのトリガーは授業にあります。

また、全体が動いている状態で、みんなが熱中して何かの作業をしているときなどに、ちょいちょいっと低刺激で呼んでみます。この低刺激で呼び寄せるという指導にはどういった効果があるかというと、カウンター対策にもなることです。カウンターというのは、教師が何か指導したときに、「なんで俺ばっかり」とか「ずるいよ、あいつだって」みたいな感じになることです。つまり、反発してくることがあるのです。カウンターは、子どもたちにとってはお手のものですが、先生はカウンターに慣れてなかったりします。注意したら子どもたちは聞くものだと思っています。だから、カウンターをさせちゃダメなんです。

素直に来てくれたら、もうすでにカウンターが防がれているわけです。場合によっては、歩いてこっちに来る間に、「あ、まずかったな」というような反省が促されたりします。柔らかいところから最初の1歩を踏むことができるわけです。

騒ぎ続ける、泣きわめき続ける場合はどうするか。仮にその子が発達の特性が強くて自分の考えにこだわりが強い場合には、「選ばせる」という対応も有効です。A・B・Cのどれにするか、自分で選ばせる。例えば、「この後、勉強しない」「この後、ちょっとだけ勉強する」「この後、しっかり勉強する」を選ばせると、だいたい、「ちょっとだけ勉強する」を選んだりします。「じゃあ、気持ちが落ち着いたら、ちょっとやるってことね。よかった。じゃあ、気持ちが落ち着くまで、自分の席で座っててていいからね」と言ってあげます。こだわりが強いお子さんは、自分で選ぶとその答えにこだわりが生まれます。特性を逆手にとって生かすということです。

また、強刺激でいくとカウンターがやってくるタイプのお子さんには、私はみんなの前での指導は基本的にできるだけしません。なぜかというと、プライドがへし折られたりなどして、信頼関係が一気に壊れたりするからです。そんな場合は、全員が動いてるときに他の子には気づかれないように低刺激で呼び寄せています。

授業改善でもう少し言えば、できるだけ教師の説明を減らして、子どもの作業を増やすことも有効です。教師の説明が長ければ長いほど、子どもたちにとっての空白や隙が生まれやすくなるわけです。すると、空気が緩んだり、子どもたちが、手遊びだとか他のことをするようになります。子どもたちの作業が多くなってくると、その時間には熱中や没頭や集中が生まれるわけですから、授業が知的になっていきますし、なんならクラス全体が熱中して動いているなと思ったら、そこを活用して個別指導に使える時間も増えていくということなんです。なので、説明の量と作業の量の割合については一度点検してみることをおすすめいたします。

それから、対策のところで、「3回注意しても改善が見られなければ、廊下や別室で話を聞く」というのも、すごくいい対応だと思います。もちろん事前に言っておきます。いきなり3回目だからみたいな感じで連れて行ったら、カウンターが起きやすくなってしまいます。3回というように、数字で区切るのには是非があるところですが、わかりやすい形で示すことに一定の効果があると思っています。

落ち着いた環境で話が入りやすい状況をつくった上で、望ましいルール、然るべき方法を教えてあげることは原則の一つだと思います。落ち着いたときでないと、そういったルールについて考えられないことは十分に考えられますので、できるだけ低刺激でクールダウンさせるのが王道だと思います。授業中であれば、別の場所に行ってクールダウンしてから戻ってくる方法をとります。「あなたがこれだけ騒いでいると、みんなの勉強がね、進まなくなっちゃうんだ。だから、少し心を落ち着けてから戻っておいで」といった対応が取れるように周りの先生方とも事前に打ち合わせしておくのも有効だと思います。クールダウンルームがあるかどうかも結構重要ですので、ヨーロッパやアメリカやカナダでは当たり前のことですが、学校としてそれをつくっていけるかが重要になってきます。

光を落としたり、音を落としたり、刺激を減らすことになりますが、そもそも教室というのは基本的に刺激が多いです。周りに友達もいますし、先生も喋っていますし、流動的に活動していかなきゃダメだし、刺激がずっとある状態です。だから、本当に心を落ち着かせることが最優先と思ったら、クールダウンルームをあらかじめつくっておいて、そこでタイムアウトを宣言し、5分や10分と時間を決めて、心を落ち着かせてください。「心を落ち着けることも大切なお勉強なんだよ」と言ってあげるのも一つの方法かと思います。

CASE13 授業を抜け出て好き放題する子への対応

特別支援学級で生活する生徒についてのご質問がありました。

> 2学期まではそれなりに授業に入り学習を進めてきた子どもが、3学期に入りまったく授業に入らなくなった。
> 考えられる理由は2つあり、1つ目は授業を受けても面白くない。2つ目は授業に入らず外で

スマホを触ったり、同じく抜けている子どもと遊んでいる方が面白いからだと考えているとのこと。特に2つ目は厄介で、授業を抜けて好き放題している複数の上級生に引っ張られ、その生活の方が楽だという気持ちが芽生えてきているのではないか。

どのように対応すればよいでしょうか。毎時間授業に入らない子どもに対して、常に横につくような対応はされていますか。


とのことでした。

もう少し細かい情報が補足されているとありがたかったですが、クラスで生活する特別支援学級の生徒ということは、在籍はしてないけれども交流授業か何かで来ているということでしょうか。今回はこの前提でお話をさせてもらいます。

例えば、自分が担当している授業が国語だとしましょうか。ここでもやっぱり、一番大切なことは、授業の改善なんです。

その生徒が好き放題して上級生と遊んでいたとしても、授業の最初から抜けていることはなかなか考えにくいので、ほんのわずかな時間でも授業に気持ちが向くようにしてあげてください。始める前から、今日はこんなことをするよと、その見通しのところでその子に魅力を感じさせたり、あるいは、ノートや教科書の準備が自分でできないとするならば、そこを手伝ったりします。最初の1分のところだけでもいいから、とりあえず座ってごらんといったように、教室にまずは滞在する時間をつくる工夫をしてみます。その上で、授業を受けたら賢くなった、成長できたと感じさせてあげることが、根本的な解決に至る唯一の道だと言ってもいいでしょう。授業改善こそが一番の道です。近道です。遠回りに感じるかもしれませんが、一番の早道だということを覚えておいてください。

また、それ以外のところでできることをお伝えしていきます。例えばお家の方とも情報共有をした上で、特別支援学級の先生とタッグを組んで、A君と3人でお話をします。時間帯は、朝一番がいいでしょう。朝、学校にその来た瞬間を逃さないで、「A君、ちょっと話があるから」と言って、有無を言わさず静かな空間である別室で、「学校には一体何のために来ているのか」という目的のところを確認します。ここがわかってない可能性も十分あるからです。学校という場所は、勉強して、賢くなって、心が強くなっていくところ。これを「かっこよく」と言ったりもして、賢くかっこよくなっていくのが、この学校に来る目的なんだよ、とまずはA君に伝える必要があります。

その上でA君に、この後も上級生の○○君たちとスマホをいじったりだとか、好き放題したりするのは、賢くなっているとも、かっこよくなっているとも言えないんだよ、とはっきり言う必要があります。だから先生たちは、それをストップしないといけない立場なんだと伝えることが重要だと思います。

さらにその上で、次に同じようなことをしてしまった場合どうするか準備を進めておくといいでしょう。私であれば、A君の保護者と特別学級の担任の先生と面談をして（電話でもかまいません）、今の状況を包み隠さずお伝えし、A君の未来に関わることなので、我々も腹を決めて行動しますとお伝えして、保護者にも協力していただく準備をお願いします。そこで、「タイムアウト」という手法をお話しします。

A君には、「先生たちだけではダメな場合には、お母さんやお父さんの力を借ります。迎えに来てもらって家に帰ってもらわないといけなくなる」ときっぱり言います。この対応方法は十分あり得ると思います。もちろんのこと、ここまでの語りがきちんと入っていれば、A君は変わる可能性があります。

大事なのは、保護者ときちんと話をした上で、関係をしっかりとつくることです。我々も精一杯やることを伝えていきます。

この家庭へのタイムアウトは、保護者の方と強固な信頼関係がないと実現が難しい方法なので、どうしても難しい場合は、校長先生の部屋をタイムアウト先とすることもあり得ます。腹を決めて校長先生にも同じようにお願いをしておいて、校長室で1時間ちょっと過ごさせてもらうのも有効です。

要は、毅然とした、断固たる態度を示せるかどうかが重要だということです。そして戻ってきたら、授業を知的で面白いと感じられないといけません。それができないと、ただただA君に苦痛な時間をずっと過ごさせることになってしまうからです。特別支援学級の生徒さんということですので、いろいろとできないことも多いのではないかと思います。みんなとは同じ課題じゃなかったとしても、A君仕様にカスタマイズして課題を渡すことなどいくらでもできると思います。さらに言えば、教室にいるだけでプラスのポイントが発生するような「トークンエコノミー法」を活用していくことも有効です。中学校だから、50分間座っていることができたら2ポイントみたいな形も考えられます。朝からずっと座っていることができたらボーナス3ポイントというようにして、ポイントに応じて、A君が本当にうれしいご褒美を渡すといったことも、私は全然やっていいと思います。

そうやって、Aくんが頑張るのと一緒に、担任の先生も一所懸命に授業改善を行えばいいのです。A君が1分でも2分でもまずは授業に入れるような事前の準備をして、その授業の中で価値をもたらしていってあげてください。

CASE14　衝動性が強く立ち歩く子への対応

衝動性が高くて、2学期になって立ち歩きをすることが増えてきたお子さんへの対応ということでお話しします。

最初の頃には立ち歩きがなかったということは、おそらく日々の対応の中でいろんなことを学んでいったということでもありますが、いい意味での緊張感が薄れてきたとも言えると思います。いい意味での落ち着きをもたらした結果、そこに慣れが生じている状態だと思います。立ち歩きだとかも、安心して行えているのではないでしょうか。

とするならば、認知と行動の歪みを原因と仮定し、立つ以外の方法を本人と相談し、適切な行動を教えて様子を見守ることになります。あらかじめ本人が落ち着いてるときに、どのような行動をすればいいのかを教える必要があります。そして、できたときに褒める。これが基本になります。この褒めるといった関わりが力強ければ力強いほど、本人のやる気が喚起されて、いい循環が生まれていくことになります。

その上で、感覚的に過敏さや難しさがある場合には、座っている素材や、あるいは手指からの刺激にも配慮が必要です。私が考えられるところで言えば、座っている椅子のところに一つクッション挟んでみるとか、あるいは、指先にスクイーズやカチカチと音が鳴るような物を用意するとか、快刺激が入るようなものを与えたりします。それがあることで授業に集中できることもあります。

もちろん座学だけじゃなくていいと思います。私は、管理職や学年の先生と相談して、教室に畳を入れたことがありました。そこにちゃぶ台を一つ置いて、座らせたこともあります。すると、驚くほど勉強ができるようになったこともあります。

他にも、スタンディングシートをつくったりしました。私は、作文の時間、漢字の書き取り、計算の練習などの際、しばらく座学が続いて同じような刺激が続くときには、スタンディングシートを使っていいよと全員に権利を認めています。あるいは、窓際のところにロッカーがあって、立ちながら勉強ができるなら、そういったスペースを活用する方法だってあります。子どもたちがちょっと疲れたなとか、気分を少し変えたいなと思ったら、日差しがよく当たる場所で、立ち学びの状態にするわけです。びっくりするぐらい勉強に集中できると、子どもたち自身も感じることができます。

これは、座るとか立つといった環境への配慮です。いろんなパターンを示して、その子に選択させてみたら、それだけでやる気が湧くことは間違いなくあると思います。

ふらふらと立ち歩くことが、彼にとっての快刺激になっているのは間違いないので、ドーパミン5の「うみもこへ」のところでお伝えしたように、体を動かすことによって、何らかの刺激を入れてみてください。

今回、合法的ではなく、違法的に立ち歩いてるから問題なわけです。だから、私だったら合法的にさせるチャンスをつくるとよいと思います。授業中にずっと座り続けさせていないかどうかは、点検してみるとよいでしょう。例えば、この問題が解けたらノートを持ってくる、音読のときには全員1回立って、読んだら座るなどの方法はいろいろあります。何よりも、授業のテンポ、リズムの部分で、眠くなってしまうような、ゆったりとしたものになってないかを見直してみてください。

ドーパミンというのは、別名「やる気」です。やる気の源だと言われています。今回のケースのお子さんにとってみれば、ドーパミンは特効薬になります。それがもたらされると集中力が持続します。持続しないような環境であるから、立ち歩いて刺激を入力させているのではないかと私は仮定してみます。

ここで**一番やってはいけないことは、その子を「困った存在」として担任の先生が見てしまうこと**です。あの子はちゃんと座っているのにと言って、周りと比べてしまうと問題児のような扱いになってしまいます。そうなってしまうと、指導の一つひとつがその子に入らなくなります。その上そのお子さんに関わるときには、嫌な感じをその指導に帯びさせない、まとわせない。そので、「もしまた立ち歩きたくなったりしたら、こんなふうにしてみて」と代替行動を一つひとつ丁寧に教えてあげてください。立ち歩きたくなったら深呼吸をしてみようとか、先生のところに来て握手をしてみようとか、スタンディングシートも使っていいからねと、合法的な選択肢を示してあげて、それができたらまた褒めてください。

CASE15 無気力な子への対応

ぼーっとしていてほとんど何もできない。横についていても何もできない。困り感としては、無気力ということと、学習に取り組まないということでしょうか。特に算数のときに無気力な姿が際立って見えると質問にありました。

とすると、「算数はつまらない」とか「算数は疲れる」といった、何かしらの認知がなされているんだと思われます。「やらなくたっていい」ぐらいの認知は、できなさ加減からきているのか、それとも別の理由なのか。こういった認知のところから考えてみるのが一つです。

また、3、4時間目くらいから、その傾向が強いと質問にありました。ここで気になるところは、朝ご飯をちゃんと食べているのかということです。ご家庭でどう過ごしているかも、この無気力なところとつながっていたりします。なぜかというと、セロトニンという物質は、癒やしや安定をもたらしますが、食べていないとセロトニンが分泌されないからです。

セロトニンの素になるのは「トリプトファン」と言いますが、これは必須アミノ酸であり、食べ物を通じてしか摂取することができない栄養素です。したがって、朝ご飯を食べていなかったら、いかにセロトニン5を教師側が駆使したところで、素になる物質がないのですから出てきようがありません。

ここにあたりをつけてご家庭に尋ねてみたら、実際に朝ご飯を食べてなかったというパターンが今まで結構ありました。無気力だけでなく、反発系のお子さんにも結構多かったです。ドーパミンもそうですが、あるタンパク質が分解されてそれになるので、素になるものが必要だということなんです。

それから、この無気力さは、別の教科であれば改善されたとも書かれていました。したがって、朝ご飯だけが問題だと仮定できません。ここで重要になるのは、ファーストステップです。「やる気スイッチ」と言ったりもしますし、専門的な言葉では「作業興奮」と言ったりもしますが、脳の中には「側坐核」という部分があって、実際に行動を起こし始めたときに活性化されます。きっと誰しも経験があると思いますが、整理整頓はめんどくさいなと思いながらも、1つ片付けたら、2つ3つとついつい片付けてしまって全部片付けられた、なんてことがあると思いますが、これは、1つ片付けた瞬間に「側坐核」が活性化して、作業興奮状態になり、次第に楽しくなるという効果によるものです。つまり、いきなり全部やるというのはハードルが高いですが、たった1問だけとか、ここの部分だけといったようにしてあげるとよいかもしれません。私だったら、少しだけ赤鉛筆で薄く答えを書いてあげたり、途中までヒントをあげたりして、1問でもいいからできたら先生のところに持ってきてもらいます。1問ずつ丸つけしても全然いいと思います。

なんなら、「問題がわからないときも『これがわかんない』って先生のところに教科書やノートを持っておいで」と言って、「それも大切なお勉強だよ」とも伝えます。持ってこられたら、ものすごく褒めてあげたらいいです。そして、「この問題はこうやるんだよ」として、「じゃ、次の問題、ヒントだけ出しておくから、またできたら持っておいで」と言います。さらに「前と違ってね、ここまでできるようになったね」と、その変化や成長した部分について認めて褒めてあげることが、やはり勉強に対するエンジンであり、熱になっていくわけです。だから、一歩踏み出すこと、少しだけでもやってみて、側坐核を活性化させて、やる気スイッチが入っていく、このサイクルを大事にしていく必要があります。

CASE16 関係が崩れている子への対応

続いてのご質問です。


今、担任している6年生の子どものことで悩んでいます。

その子は友達にすぐ「死ね」「バカ」「ボケ」と言い、時には暴力的になることもある。授業中は頑張るときは集中できるが、集中力が切れると他のことを始めてしまう。放っておくとそのうちに授業に戻ってくるが、他の子の手前注意しないといけない。できるだけ低刺激で声をかけるが、地団駄を踏んだり立ち歩いたりしてやろうとしない。

給食当番、掃除当番なども同じような状態。わがままが通ってしまっている。特に他者への攻撃は許せない行為のため、必ず指導するが、あまりその指導が入っていかない。おそらくこれまでの私との関わりが悪く、子どもとの関係が崩れてしまっている状態だと言える。

低刺激で対応しようと思っているが、周りの子の我慢の限界もあり、「なんで○○さんには優しく言うんですか」「なんで○○さんはしなくていいんですか」と言われてしまう。

他者を攻撃したときなど、その子と話し合いをしようとするが、「僕もう学校来ませんから」

「謝りませんから」「話し合いませんから」と言い、話にならないときも多々ある。本当は周りの子と仲良くしたい、頑張りたいと思っているはずだと思う。

管理職は担任の言葉が1番入ると信じて疑わない人で、担任が対応すべきと思っている。何度か相談しても、「これも勉強だね」と言われて終わることも。


というわけで、ご質問をいただきましたが、このケースで聞かれているのは、関係が崩れてしまっていて話を聞こうとしない子への正しい対応と、周りの子の理解を得る方法について知りたいということだと思います。

私ならば、このケースでまず絶対にしなくちゃダメなのは、「分けること」です。**「分ける」というのは、重要度で分けるということです。**重要度Aは、「絶対にここだけは許してはいけない」というものです。ここは指導の重要性としては最も高いところにあります。その次に重要度Bで、「できれば指導をしたいけれどもAほどではない」。重要度Cについては、お目こぼしと言って、「指導しなくてもいいだろう」です。ここは割り切って分けないといけません。

今回のこの子の行動に対して、もう担任の先生としては、四六時中気になってしょうがない状態だと思います。こうなってくると、ついつい「他の子の手前」という言葉があるように、仕方なくルーティーンのように注意してる。そういった指導というのはやはり入らないんです。入らないだけじゃなくて、ますますその子との関係を崩してしまうことにもつながっていきます。こういったときには、重要度をA、B、Cで分けてください。例えば重要度Aとして、止めなくてはいけない行動は何かを考えてみてください。それは、暴言や暴力行為だったりが考えられます。さらにBについては、そこまで強く対応はしないけれども、方針を決めておいて、指導しなくてもいいような形に持っていくといいと思います。

集中するときは集中して頑張る場合があると書いてあったので、私はこれがすごくいい兆しだと思います。ここも分けることが必要で、その子が取り組む学習活動が一体何なのか、その特徴とかポイントは一体何なのか。こういったことを徹底的に突き詰めていくと、傾向がわかってくるはずです。例えば、計算に関するときはやる、単純作業でそれを繰り返していくときにはやる、といった傾向です。そうしたら、その方向でその子に対するアプローチの仕方を変えていくことになります。また、やらない学習活動にも一定の傾向が見て取れるはずです。

そして、暴言や暴力については一定の歯止めをかけていく必要があります。どのように歯止めをかけるかというと、私ならばその子に「暴言とか暴力というのは法律上、決してやってはいけないことになっていて、これをするとどうなるかというと、捕まります」と伝えます。「みんながこの社会で豊かに楽しく生活するために法律というものがつくられていて、それを破ると警察や刑務所に行く。シンプルだよね」といった内容の話をします。この暴言や暴力にはちゃんと罪が決まっていて、どのくらいの期間刑務所に入るとか、どのくらいの罰金があるかということを、言葉が入るときにちゃんと伝えるべきだと思います。そして、「あなたの未来が、こうやって暴力とか暴言を続けていってしまうと、不幸になる。ここについてはちゃんと乗り越えられるようになって卒業してほしいと思っている」と伝えます。

「だからこそ、あなたがもし次にそれをしてしまった場合は、私の言葉だけでは通じないのならば、校長先生と教頭先生に入ってもらうだけではなくて、あなたのお父さんとかお母さんにも来てもらうことになると思う」と、それくらい重大なことなんだとはっきり伝えた方がいいと思います。

そして、タイムアウトも組み合わせます。例えば1回目だったら校長室で10分タイムアウトをとり、その日のうちに2回目をやってしまった場合は倍の20分という形で校長室に連れて行きます。校長先生に別に指導していただく必要もなく、活動の場を離すということです。これは、大きなブレーキになります。気まずい空気の中で、10分間校長室にいるのは、とてもしんどいことだと思います。

これは一つの例ですが、伝えるポイントとしては、あなたがこういったことをする限り、**話はどんどん大きくなっていくということ**です。

自分一人で対応してはダメです。1対1の関係ではそれができない状態になっているならば、大人の話をどんどん広げていきます。大騒動になっていくということを見せないとダメです。それ以外の重要度BやCについては、お目こぼしじゃないですが、クールダウンスペースの中で休憩させたりとかするだけで全然オッケーだと私は思います。

そして、周りの子たちをどうするかについて解説していきます。私であれば例えば、「心が疲れちゃったり、頭が疲れちゃうことというのは、君たちもきっとあると思うけれども、○○君は今、友達への暴力や暴言をしないという目標に向けて頑張っているところなんだ。それ以外の勉強をちょっと休んだりすることについては、先生がね、オッケーしたんだ。でもこれは、もしかしたらあなたたちからすれば不公平と思うかもしれないけども、人の力だとか、頑張っていることってそれぞれ違うでしょ。水泳とかでもね、泳ぐ力に差があるのは当たり前で、できるところから一歩一歩やっていくから、その力は伸びていくんだ」

といった話をします。そして、「○○君が頑張っていることを応援してほしいし、もし例えば暴言や暴力を自分で止めようってしているなっていう姿があったら、そこも教えてほしい」と伝えます。○○君が頑張っている姿をみんなで褒められるように、認められるように、そういう空気にしていくことが大切だと思います。ここで、○○君がいたら話しにくいのであれば、他の先生に協力を依頼して、5分ほど教室から離してあげてもいいでしょう。

教師という仕事についている人は、どうしても重要度A・B・Cの全部に声をかけたくなってしまうんです。そうなると、先生が警察官みたいになってしまい、ますます関係が崩れてしまいます。そうではなく、**指導をするかしないかをまずは分けてあげる。**そして特に不適応行動を起こさず集中できているときにも「頑張っているね」って、認めてあげて、褒めてあげてください。**やっぱり褒める、励ますという強化を使っていくことが非常に重要**です。

今までであれば暴言を吐いていたなというところで、ぐっと我慢できたとわかったら、そこも褒めてください。そこでお家の方に一筆箋で手紙を書いて、「今日すごく大きな一歩を踏み出したと思います。普段ならば、ここで絶対に何か言っていたなっていうところで、明らかに我慢しました。私、すごいなって思いました。本当に大きな一歩だったと思うので、お家でもぜひ褒めてあげてください」とお伝えします。叱っても注意しても改善していかないというとき、それはもう対応の仕方をぐっと変える必要があるわけです。褒めるとか認めるっていったこのプラスの強化でもってして、その子の行動を望ましい方向にこう変えていくことが重要だと思います。

CASE17 耳元で大きな声を出して楽しんでしまう子への対応

特別支援学級在籍の男の子が、気持ちが解放されているときや興奮しているとき、よく大きな声でお気に入りの歌を人の耳元で歌ってしまい、友達から嫌がられている。明らかなのは、交流学級担任の目の前ではその行動が現れないこと。休み時間にその行動をされて嫌だと思った子から事情を知る。現場を見ていないので、その子の心に響く指導を行いにくい。そこでどのような対応や支援が必要なのか。

こういった質問をいただきました。

人の行動や態度というのは場に応じて変わるもので、それが自然だと思います。まずはこの前提を確認しておきましょう。例えば、「人によって態度を変えるんじゃない！」といったような指導がなされることがままあると思いますが、我々大人だって、職場と家では全然態度が違うと思います。その場に応じたキャラクターが引き出されるというのが自然なものだと思いますし、これを「分人主義」と言い、平野啓一郎さんの本に詳しく書かれています。こういった子に教えるときには、行動が異なることではなく、明確にルールを教える方がよいです。

今回のケースで言えば、「注意喚起行動」か「自己刺激行動」が該当すると仮定できます。おそらく私は注意喚起だと思います。「わー」と大きな声を出して歌ったとして、目の前の自分にとって好ましい人物が嫌な顔をするなど反応したり、注目を集めたりしたいがためにそれをやってしまっていることもあると思います。「感覚刺激」の部分で言ったら、大きな声を出してスカッとしたいみたいなことです。

これは落ち着いているときにはっきり言った方がいいと思います。まず、大きな声を出すというのは、身体的な害がなさそうに見えて、実はあるとしっかり伝えます。例えば、「騒音という公害があってね、明確なルール違反でやっちゃダメなことになってるんだよ」と言って、これは工事現場の音だとか飛行機の離着陸の音だけではなくて、人の声にも適用されると伝えます。

学校でよくされる指導に、「人にされて嫌なことは自分もしないでおこう」というものがありますが、発達の凸凹の強いお子さんには全然入らないことがあります。耳元で大声で歌われるのが、自分はまったく嫌じゃないというお子さんもいるんです。むしろうれしいとか、楽しい感じになってしまう場合もあるわけです。だから、「自分がされて嫌なことはしない」ということが成立しないのです。**そういう教え方は極めて曖昧で、線引きがよくわからない。**だから、ルールとしてちゃんと教える必要があるということです。

私のnoteの記事に、『「学校のきまり」と『社会のルール』の関連を教える法律の授業」というものがあります。詳しくはそちらをご覧いただくとして、ここでは簡単に説明します。スポーツをみんなで楽しむために「退場処分」があるということをまず子どもたちに押さえてもらいます。その上で、「スポーツの世界だけじゃなく、私たちが暮らしている世の中でも、ルールを破ると退場になることがあります。どこに退場になりますか?」と子どもたちに聞いたら、警察や牢屋、刑務所などと答えます。「その通り。これを難しい言葉で、懲役と言います。ちなみに、この懲役という退場処分がなかったらどうなりますか？」と言ったら、「町がめちゃくちゃになる」とか、「安心して暮らせない」とか「やりたい放題になる」と言うわけです。

つまり、この世の中でみんなが生活を楽しんだり、豊かに過ごすために、退場処分があるんだね、ということを伝えます。社会生活の中でも、暴力を振るえば退場なわけです。でも、学校だけは、なぜか暴力を振るっても謝って解決することがままあるわけです。もちろん、教育的にすぐに退場処分はおかしいだろうという考えはわかります。でも、ルールを教えずに、謝ってただ解決したということだけをずっと続けていると、その子たちはルールというものに対する認識が薄いまま、弱いまま卒業していくことになります。

ですから、ルールをきちんと教えてください。学校の決まりと社会のルールというのは密接につながっていると教えてあげる必要があります。「あなたがね、将来豊かな人生、幸せな人生を送るために、このルールはまず知っておいた方がいいよ」と言って、「大きな声を出すこと」につなげてあげるということです。「今まで知らなかったと思うけど、今ここで教えてあげるから。よかったね」と言って、学校にいるうちにこうやって学んで賢くかっこよくなるんだよ、と伝えてあげてください。その上で、できたときに必ず褒めてください。そこでちゃんと強化、刺激を入れて、その子の習慣化が起きるまでは見守ることが大切です。

CASE18 書くのを嫌がる子への対応

いただいた質問から、今回は2人の事例を挙げます。

A子さん……ABC分析で、Aは、ノートを書く場面。Bが、逃避行動。書くのが面倒くさいとやらない。筆圧は弱く、ミミズのような字。Cは、机に突っ伏してやりたがらない。全体の4分の1くらいの量であれば取り組める。褒めたり声をかけたりすると少しよくなる。やる気が出たときはすごくきれいな字を書くことができる。

B君……小1のときにADHDと診断。現在4年生。常にぼーっとしていて、おっとりしている。喧嘩はしたことがない。一人遊びを好み、折り紙をよくしている。女の子と仲良し。活動に入る前には声をかけたり、合法的に体を動かしたりするが、集中するのは10分程度。学力には大きな問題はなし。

このような無気力傾向の子にうまく対応できておらず、子どもの見方に幅を持たせるにはどうすればよいのか。それでは、A子さんから解説していきます。

まず、筆圧が弱くてミミズのような字で、書くのを面倒くさがって逃避行動をしているというお子さんです。ここに書いてある、「やる気が出たときはすごくきれいな字を書くことができる」ですが、どんなときにやる気が出るのか、まずここを確定しましょう。一体どういった条件または要素を満たしたときにやる気になるのか、これがわかってくるといいですよね。

さらに、「全体の4分の1くらいの量であれば取り組める」と、局面を限定したときにはやる気が起きるということです。つまり、100やってごらんというのは難しいかもしれないけれど、そのうちの10だけひとまずやってみようかとなるとやる気が出るということですね。こういったことは結構あります。これは発達の凸凹の強いお子さんに限らず、やる気を起こす方法を教育者は知っておく必要があります。

局面を限定して、例えば5つのうちたった1つでもできたら、まずは「合格」と言って、花丸をつけてあげたり、スタンプ押してあげたり、シールを貼ってあげて、やる気を持続させて次に行くようにします。普通だったらインターバルがなくても次に行けるのですが、なかなかこういったことがないと難しいお子さんはいます。教師からの評価や褒め言葉など、激励をそこで入れてあげる必要があるとまずは思いました。

それから筆圧が弱いことに関しては、私ならまず「持ち方」をチェックします。適切に持てていない場合は、持ち方の指導から始めます。それから書いている環境や、使っている筆記用具といったあたりを調節してあげます。筆圧が弱くても、濃い鉛筆ならきちんとした濃さの字が書けるならば、濃い鉛筆を持たせてあげたらいいのです。例えば下敷きを入れていたとして、そのツルツルとした感覚が苦手で書けないお子さんもいたりします。少しざらついていた方がよかったりもします。ホワイトボードの方が書きやすい場合もあるかもしれませんし、硬筆用の下敷きもあり、クッション性があってとても柔らかいです。こういったことで劇的に書けるようになったお子さんもいます。

ちょっとこだわってみて、こっちだったら書きやすそうにしているね、じゃあこっちにしてみようか、といった環境調整はしてあげるといいのではないかと思いました。

さらに、逃避行動については、面倒くさいからやらないときのインターバルも別につくるといいと思います。この後のB君の話とも関わってきますが、集中が10分程度続くならそれでいいじゃないですか。「よし、できたね」と言って、その子が、次は15分、20分と目標を立てて少しずつ上に向かっていきたいと思うのであれば、そこを後押しすればよいと思います。今できていることについて激励することが、私は大原則だと思っています。

続いてB君の話で言うと、もっと集中できる時間を増やせるように手立てはたくさんあります。先ほどの書くものへの環境の工夫以外にも、スタンディングシートやバランスボールも効果的です。バランスボールに座らせてあげて、ぼよんぼよんという刺激が入るとやりやすい子もいたりします。他にも「センサリーツール」で調べてみればいくらでもツールが出てくるでしょう。学校にあるものもうまく使いながら、その子の集中が持続できるよういろいろ試していったらいいと思います。そしてその上で、最終的に選ばせてあげたらいいんです。こだわりが強いお子さんにとっては、より前のめりになって授業に集中することができるようになります。

それで、B君が今まで10分しかもたなかったところが20分になったときに、「うわあ、すごいね」と言って強化するといいです。しかも自分で選んだ方法でやったわけですから、「こうやって一つひとつ勉強の工夫をしていくことが、これから人生を進む上でもすごく大切だよね。賢いね」と褒めてあげるのがいいんじゃないかと思います。

2人に共通して言えることですが、もしかしてとあたりをつけるならば、視覚的な入力の弱さがあるのではないかと感じました。第1章で紹介したCちゃんは、図工で筆を逆さにしてしまい、手が絵具だらけになることが何回もありました。本人は遊んでいるわけではありません。目から入る情報がどういう像を結んでいるかは、本人にしかわかりません。そして、普通の視力検査では知ることが難しいのです。だから、オプトメトリストという専門家がいるわけです。もしその可能性があると判断できるのであれば、お家の方につなぐことも検討してみてください。

オプトメトリストにつないだ例で言えば、例えば、斜角の入ったプリズムレンズをかけるだけで、一気に見え方が変わったという事例や、ビジョントレーニングといったものを続けていくことで、機能の向上が見られたというケースがありました。このように、まずは、何かしらの入力に難しさがあるのではないかということも確認するのがいいと思います。

お家の方に、「今まで育ってきている中で、見ることにちょっと難しさを感じるようなことはなかったですか」と聞けば、お家の方の方がよくわかる場合があります。「眼鏡以外のフォローの方法で、この視覚機能がぐっと高まって、活躍の場が広がっていく方法もあるんです。例えば県内のオプトメトリストで言えばここここがありますが、よろしければ一度お試しで検査を受けてみることもできます」といったように、水を向けてあげることもできるんじゃないかと思います。

2人目のB君には、ADHDの診断が下りているとありましたので、お家の方と子どもの願いを聞いた上で、本当に集中力を伸ばしたいのであれば、簡単に手を出しにくい場合もありますが、投薬といった方法もあります。

集中できるようになるためには何が足りないのか、感覚や環境のところから考えていく必要があります。いろんな角度からアプローチしてみて、一つだけというように決め打ちしないで、**いくつもの選択肢から手応えのあったものを引っ張り上げていく。**そのようなイメージで進めてもらえたらと思います。

CASE19 注意に過敏に反応する子への対応

隣の女の子に「今書く時間だよ」などと注意されると、それに腹を立て、しつこくその女の子に文句を言ってしまう。注意されたことに腹を立てて、過度に言い返してしまう小学校6年生の男の子のケースを解説していきます。

まず、私は**大前提として、子ども同士で注意はさせません。**注意ではなく、例えば「友達同士とか仲間同士、クラスメイトというのは、上下関係がありません。こういうふうにした方がいいなと思う場合は、優しくアドバイスしてあげよう。それでも難しかったら、先生に言って。だって、注意したりするのは大人の仕事だからね。あなたたちは基本的に仲間でクラスメイトなんだから、励まし合ったりするものなんだよ」と、私は最初にきっぱり言っておきます。なぜなら、注意がうまい子どもなんてそんなに多くないからです。子どもなんですから。子ども同士の注意を機能させて、クラス運営をうまくやろうとすると、いろんなところでひずみが生じます。しかも無用な上下関係や分断や歪みを生み出してしまいかねません。このあたりの環境調整は必要です。

また、その男の子にもしっかりと教えてあげます。ポイントは、**「損得」で伝えてあげること**

です。例えば、「これからもね、あなたがクラスメイトから注意みたいな感じで言われることがあるかもしれない。でも、そのときにこんなふうに毎回めちゃくちゃに言い返していたら、誰が一番損するかって言ったら、あなたなんだよ。あなたがせっかく今まで頑張ってきたことが、全部台無しになってしまったりする。さっきはそういうもったいない瞬間だったんだよ」と言って、善悪ではなく損得で教えます。特に今のお子さんは、好き嫌いとかで判断することが多いです。良い悪いを考える力が弱まってきているという話すらあるぐらいです。だから、善悪で教えようとしすぎてうまくいかないケースはままあります。好き嫌いや損得でアプローチする方法も知っておいた方がいいと思います。

さらに、これまで何度もお話ししましたが、「代替行動」を教えます。例えばイラッとしたら、いきなりばーっと言い返すのではなく、その瞬間に水を飲みに行ってみる。別にいきなり行ったとしてもお咎《とが》めなしにしてあげます。その子が頑張って言い返さずに水を飲みに行ってクールダウンをするというのは、すごくいい事例になります。怒りのピークは6秒間なので、6秒我慢できたらきっと大丈夫というようなことも教えるといいかもしれません。

つまり、自分の立てた作戦ができたとしたら、それはすごく大きな成長になります。そのときは以前も伝えたように「一緒にお祝いしよう」と明るい未来を一緒に想像しながら、「先生がその瞬間を心待ちにしている」というワクワクを伝えてあげてみてください。

CASE20 面白いことに反応していつまでも笑い続ける子どもたちへの対応

続いてご質問いただいた方は専科の先生です。

週2回6年生のクラスで授業がある。そこで、誰かの面白い発言がトリガーとなって、男子2人組がケタケタと笑い始めてすぐに切り替えられない。担任ではなく、専科という立場であるため強めの指導も難しく、どうすればいいのか。

子どもたちというのは、そういったところがありますよね。一つのところでいつまでも尾を引いてというか、なかなかパチっと切り替えられません。子どもなんだからそうなんだなと思ったりもします。

これは、スキルとマインドと2つの部分からお伝えしていく必要があると思います。

まず、スキルのところで言うと、授業に無駄な時間、空白がないかを点検してみることです。不要な余白であったり、時間差がたくさん生まれていないか確認します。つまり、授業に隙がどれぐらいあるかということです。ここは表現が難しいところですが、時間の空白だとか、手持ち無沙汰な間といったものがあると、子どもたちは、その瞬間を使って全然違うことで楽しみたくなってしまったりする。そういうのは間違いなくあると思います。

例えばテレビの業界では、3秒以上空白があったら放送事故と言われたりします。授業中には、そういった空白・余白みたいなものが結構多いんですね。なので、私が他の先生の授業を見学させてもらって、ほとんどの方にお伝えしているのは、この余分な空白を可能な限り削り出すことです。仕組みや授業のやり方一つで、いくらでも改善することができます。

もちろん、必要な空白はいいんです。考える時間や作業に没頭する時間には、音声がまったくない時間は必要です。

以前、全国各地から先生方が私のクラスに1日授業見学で張り付いてくださいました。その先生方が一様に言っていたのは、私の授業にはその**無駄な空白がなかった**ということです。もちろん、シーンとなって子どもたちが集中している時間はたくさんあります。音楽には無駄な休符はありません。すべての休符には意味があります。授業にも無駄な休符をつくらない方がいいと私は思います。手持ち無沙汰な時間があると、子どもたちが途端に話し始めたり、面白がったことの余韻みたいなことをいつまでも引きずっちゃったりします。

空白を削るというのは、何もずっと喋ってくださいというわけではありません。大切なポイントとしては、学習活動を被せる、重ねるということです。Aという学習活動とBという学習活動があったら、Aが全員終わるのを待ってからBをするとしたら、AとBの間に空白が生まれます。当然、早い子たちは手持ち無沙汰になって他のことなどをしてしまいます。

そうではなく、Aが終わった子からすぐにBに行かせてしまいます。AとBが重なる部分があるんですね。これを上手に設計できるようになると、早い子たちはB、Cと次々に進んでいって、活動の切れ目をなくし、子どもたちが1時間ずっと授業に没頭・熱中して、45分間が面白かった、もう終わったの!?みたいな感じになっていきます。それを私は毎時間の授業でやっています。これはスキルの部分ですが、もしよろしければ確認してみるといいかもしれません。

さらに、マインドの部分で言います。これは野口芳宏先生がよくおっしゃるのですが、子どもたちというのは基本的に、無知、未熟な存在だということです。何も知らなくて、まだまだ経験が熟達していない存在だということです。例えば大人であれば、面白い発言があって、くすっと笑ったとしても、いつまでもケタケタと笑いません。笑うことによって周りからどう見られるかってことがだいたいわかるからです。でも、子どもたちは無知、未熟だからそれがわからないのです。面白かったらただ笑うんですよ。そういった前提に自分が立てているかが重要です。子どもがわかっていないなら教える他ありません。

時間を無駄にしていることを伝えるだけではなく、実際の行動目標も教えることが大切です。

「静かにしなさい」とか、「やめなさい」といった行動を制限する方向については、先生方は指示を結構なされますが、これでは、行動改善にはつながりにくいです。なぜかというと、「デッドマンズテスト」で言えば、それは全部死人にできることだからです。静かにできるとか、笑わないとか、じっとしているみたいなことは、死人が得意です。つまり、明確な行動指針がないから、改善がなされていかないのです。

例えば音楽の授業であれば、面白がることもいいけど、5秒以内に切り替えて、リコーダーの練習に取り掛かれたらかっこいいね、と切り替えの時間と向かう先の行動まで示してあげます。そうでないと、その子たちの行動はなかなか改善できないと思います。

自分が担任であればその場で起立させたりもしますが、専科の先生でも起立させたらいいと思います。そんなに長々言わなくていいので、「喋っている人起立」。これだけでいいと思います。口を閉じたらそのまま座れるわけですから、一瞬立って座るぐらいの簡単でシンプルな指導です。そんなふうに気概を持って指導してくださる専科の先生のことを、担任の先生だって感謝してくれると思います。「最初は歯止めがききにくかった部分もありましたが、最近は、AくんもB君も制御や切り替えが上手くなってきました」ということを、担任の先生に伝えられるチャンスもあわせて巡ってくると思います。

週に2時間であったとしても、そういったことについて毅然とした指導は全然して構わないと思いますし、担任の先生じゃないからといって及び腰になる必要はまったくないと思っています。これもマインドの話になります。お役に立てれば幸いです。

CASE21 癇癪を起こしてフリーズする子への対応

「癇癪を起こした後に固まる。あるいは、ひどいときには暴言、暴力、物を投げたり、物に当たったりする。これらの問題行動に対して、担任として残りの日数を考えたときに、叱る毎日にならないよう、少しでも減らしたい。次につながる指導を行いたい」というご質問を頂戴しました。

これらの問題行動の前段階には、「思い通りにならなかったこと」があると思います。例えば、体育の授業でハードルの色を揃えておきたいだとか、テストに漢字で書きたかったけど書けなかったとか、思い通りにならないときに癇癪や不適応行動が起きていると思われます。

どのように対応していくかというと、まず、「怒りの度合い」から着手していきます。なぜかというと、イライラレベルが極端に0か10かになっている場合が結構多いからです。

つまり、爆発させるか平常かといったことです。例えば、漢字で書けないなんて一般的にみれば大したことではないですよね。でも、その子にとってみればイライラするポイントで、その対処の仕方がよくわかってない。だから、ドカンって爆発したりするわけです。したがって、0から10じゃなくって、その間のグラデーションを教えるというのが有効です。例えば、「さっき漢字で書けなかったときにさ、数字で言ったらね、1から10のレベルでどれぐらいイライラしてたの?」みたいな感じで、イライラレベルを聞いてあげるといいです。すると、「8だった」みたいなことをその子が言ったとします。「そうだったんだ。うわ、びっくりした。だからあんなに騒いだんだ。あのね、実はこのくらいのことっていうのは、全然大したことじゃなくて、実は1くらいの出来事なんだよ」みたいな感じで説明します。そして、「1のときは、多くの人はどうするかと言ったら、例えば、深呼吸をしたりとか、あるいは、先生のところに行って、俺、ちょっとさっき書けなくてイライラしたんだみたいな感じで、言葉にして対応しているんだよ。そうすると、スッキリしたりする。だから、今度から、こういうときは1だから、そういった対応できるといいね」と教えるといいです。その上で、10はどういうときかも伝えてあげたらいいでしょう。ここでも「セーフライン」を教えてあげます。

あわせて、現状の確認が必要です。教頭先生や校長先生といった管理職の方からもアドバイスをもらうこともあると思います。それが自分の指導方針とは違うことだってあります。そういう方々にも丁寧に説明しなくてはいけません。

まずは、現状を具体的に伝えていきます。それが週に何回くらいだとか、癇癪を起こしたときにフリーズするのが何分くらいであるかを確認します。その上で、さらにゴールも確認しておきます。例えば、癇癪やフリーズに関しては、安定するまで5分以上かかることが多いので、目標は1分以内に減らすことであるといったことです。

そこから、方法の吟味、方法選択に移っていきます。癇癪やフリーズを起こしたとしても、その間はポジティブノーリアクション（意図的な無視）で見守っていきます、といった形です。

最後に周りの方への説明も重要です。なぜかと言うと、自分に対する信頼や、職場の中でのポジションによっては、○○先生だったら大丈夫だから任せておこうとなるパターンと、まだまだ若いから私が支えないといけないと思われるパターンがあるからです。ご自身の立場だとか、周りからの信頼も総合的に検討した上で、説明が必要だと思うのでしたら、しっかりと相談しましょう。

また、指導が厳しい教師やその子の保護者の前では行動が改善されることもあります。それは必然だと思います。当たり前です。その場に応じてその役割やキャラクターが引き出されます。言い換えれば、力や圧による指導がまだまだはびこっているということでもあります。いずれにしても、周りの助けを得ながら、理解を得ながら進めていく他ないのではないかと思います。

大切なのは、現状確認、ゴールの確認と方法選択、そしてそれを周りの方々に伝えるということです。そして、0か10ではなくて、その中間部分を教えるということ。これができるようになったら強いです。1分以内になったときには、盛大に褒めて強化してください。これをしないと次につながらないわけです。その子が頑張ろうとしているときに認めてあげられなかったら、「結局やっても無駄じゃん」みたいなことになってしまいます。周りの友達にも説明していいかなとも思います。その子に了承を取った上で、「先生が応援したいから」という形で伝えても全然構わないと思います。

「今できてないことがあって、ここから次に進むために今はこういう練習をしているんだ。みんなもそういうことあるでしょ。水泳とか漢字とかもそうだよね。みんなを応援するように先生は○○君のことも、みんなと一緒に応援したいと思っているんだ。だから、みんなもぜひ力を貸してね」

このように伝えることで、成長の兆しが見えたときに、周りの子どもたちが先生にそれを教えてきてくれたりもします。フリーズしたり癇癪を起こしてしまうような根っこの部分は、中々変容が難しい部分でもあるので、実際にそれが起きたときの対処法を練習して、少しでも改善の兆しが見られたときに共に喜んでいくというスタンスがいいのではないかと思います。

CASE22 特定の物事に熱中しすぎてしまう子への対応

今回、これまでのご質問とはちょっと毛色が違うものをいただきました。

読書にはまりすぎている子がいる。登校中、歩きながら読んだり、わずかな隙間時間があればすぐに本を広げたり、休み時間も基本読書。給食も食べ終えれば読書。その子は人とのコミュニケーションも取れるが、読書中は話しかけるなオーラが出ていて、さすがに読みすぎなような気もする。

おもしろいご質問ですね。まず、読書にはまりすぎていることの一体何がよくないのかを言語化してみた方がいいと思います。「さすがに読みすぎなような気がする」というのは、おそらく他の子との交流やコミュニケーションの時間が少ないから、将来、他の人と関わりながら生きていくことができるのか不安があるといったことでしょうか。これについては、私だったら別に何も対応しないです。なぜなら、学校のルールの中でちゃんと適用しながら、その読書という好きなものにのめり込む、熱中しているわけなので、なんら問題ないんじゃないかと思います。

登校中に歩きながら読むことで不注意になって、事故などのリスクがあることだけ言うかもしれませんが、休み時間やスキマ時間に本を読むことは何も問題がないと思います。コミュニケーションが心配であるなら、先生がちょっと水を向けてみたらどうでしょうか。「今どんな本読んでるのか教えて」といった感じです。あるいは、ビブリオバトルや本の帯をつくる活動などもおすすめです。読書を通じて、他の人との交流が豊かに育まれていく活動など、いくらでも組み込むことができると思います。

要は、その子の大切な行動を無理に引き剥がしてしまったり、もっと言うと、「なんでそんなことをするんだ」ということで、バーストしてしまうことも十分あり得ます。だから、私は基本的には取り合わないですね。

その子の今後の社会生活で心配になられる気持ちはわかりますが、そういった熱中期というものは非常に大事なものだと思います。何かに打ち込むことは、大人になったときに大きく花開くためのすべての土台になると言ってる方々もいるくらいなので、思う存分、読書させてあげたらいいんじゃないかと思います。社会生活を営む上で、あるいは学校のシステムの中で不具合が起きてきたときに、その他の方策を考えていけばいいと思います。

CASE23 衛生面に課題のある子への対応

家庭環境が複雑でネグレクト傾向の高学年女子児童。引き継ぎでは生活能力が低く、衛生面に課題があったり、教師の話を聞きはするものの行動に移せなかったりする。何も手立てを講じなければ、孤立やいじめなどのトラブルに発展しかねないと不安に思っている。

このようなご質問をいただきましたので、お答えします。

まず、家庭に対しての介入というのは、基本的に難しいです。よほどのことがない限り、家庭教育に口を出すことができません。なので、保護者のことはいったん置いておきます。まずは、学級の中でのその子の成長や努力する姿を引き出したり、強化したりしていきます。

問題は衛生面の課題のところだと思います。例えば、着ているものから少し匂いがしたり、あるいは汚れていたりといったことが考えられます。このあたりは結構難しいかもしれません。学校は2列になって男女で座っていることが多いですね。それを号車と呼んだりします。隣の席とぴたりとくっついている状態です。この距離感での匂いはなかなか逃げようがありません。隣の子が臭いと表情をしかめてしまうのも自然なことだと思います。

対応策として、いろんな方法が考えられますが、私だったらどうするかをお伝えします。私は、シングルスペースといったものを教室の中につくったことがあります。自分1人で勉強に集中できるためのスペースみたいなものです。要するに、教室内をあえて1列にしました。私のときは、今回のような匂いのためにつくったわけではなく、他害行動があるお子さんのためでした。隣の子をバンバン殴ったり、蹴ったり、物を投げちゃったりする子がいました。でも、その子を1人だけ孤立させるわけにはいかなかったから、1列シングルスペースというのをつくったのです。「1人の方が集中できる場合ってあるよね？　先生もそうなんだけどさ、自分にとって1番集中できる場所で勉強することも大切なんだよ」というように、うまい具合にその子がそこに収まるように話をして、席を設計しました。このように対応すると、距離が保てるので、臭いが大丈夫になる場合もあると思います。

汚れがある場合であれば、まずお家の方に連絡をします。協力をしていただけるかどうかはわかりませんが、まず伝える内容としては、その子のよさを認めていることです。頑張っていること、得意なこと、あるいは、前より準備ができるようになったことなど、いろんなところを引っ張り上げて認めていきます。それをお家の人に伝えていきます。ここは、丁寧に根気強くしていきます。一筆箋に書いて子どもに渡し、「これお家の人に渡してね、ちょっと忙しいかもしれないから、冷蔵庫に貼っといてもいいかもね」と話します。

それが1通、2通と少しずつ増えていったら、今年の先生、なんだか一所懸命褒めてくれてるなと伝わりプラスの印象になるわけです。その上で、やんわりと「ちょっと着ているもので気になることがあって」「思春期を迎えてきて難しい時期でもありますし」というようなやんわりとした感じで相談していきます。

まずは教室の中でありとあらゆる方策を尽くして、その子の頑張りなどを認めて引っ張り上げていく。その子が一番得意としているところ、ストロングポイントはどこなのかを見極めて、孤立しないように居場所をつくっていきます。

匂いとか汚れとか、そのセンシティブな部分については、直接的なことだけではなく、間接的な環境づくりのところで配慮したりします。私はそういうことをしたことないですが、管理職に相談の上、なんなら洗ってあげてもいいんじゃないかと思います。家庭科室もあることですし、「ちょっと洗濯のお勉強してみようか」みたいな感じでもっていく方法だってあり得ると思います。このあたりはケースバイケースなので、やはりその子を見てみないとわからないところでもあります。

引き継ぎの中で指摘があったとしても、それほどでもないなと感じるようでしたら、なにも気にする必要がないかもしれません。ネグレクト傾向がなくとも、生活面の能力が低かったり、衛生面に課題があるお子さんは結構いると思います。そこまで意識しすぎない方がうまくいく場合もあるかもしれません。ですので、王道として、その子との関係をつくっていき、しっかりと引っ張り上げて、認めてあげることです。

そして、お家の方との関係をつくっていく。その上で、「一つだけでもいいのでお願いできませんか」といった形で水を向ける。もしそれが叶った場合には、感謝を伝える。こういったことを地道に続けていくことが大切だと思っています。

CASE24 初日から反発・反抗してくる可能性が高い子への対応

続いての質問です。学級開き間近での質問も頂戴しています。

特に対応が難しいとされる子どものクラス担任を任された。この子は1年生と2年生の間、授業中にほとんど座っておらず、後ろでブロック遊びをしたり、他の子にいたずらをすることが多かった。注意しても授業が進まないため、2年生の後半には授業に関係ない活動を許可することになっていた。鬼ごっこで捕まると相手をひっかくことがあり、謝るように求めても拒否し、教員に対しては「死ね」「時間を返せ」といった暴言を吐く。

新学期も初日から授業中に座らなかったり、返事をしなかったり、不適切な返事をしたり、大声で反抗的な発言をする可能性が高い。初日から穏やかな雰囲気を築くのが難しい状況。

なるほど、いわゆる黄金の3日間がないような状況を危惧されているのですね。私も同じような状況を何度も経験してきました。なぜかというと、人事希望調査に、この学校で1番大変なクラスを持たせてくださいと毎年書いてきたからです。初日から担任の言うことに集団で反発してくるようなクラスも確かに存在するんですね。

では、どうすればいいか。詳しくは私が書いた『生徒指導の「足並みバイアス」を乗り越える』という本にまとめてあるので、そちらを読んでいただくのが1番手っ取り早いかもしれません。ここでは簡単にお伝えします。例えば、初日の呼名で返事をしない。名前を呼ばれたら返事をする活動すらしない子がいました。あえてみんなの前で反抗しているわけです。で、私はどうしたかというと、最初に呼名した場所からトコトコと笑顔でその子の机のところまで行きました。もう1回、「〇〇君」と呼びました。机に手を置いて言ってみたら、その子は「はい」って、ちっちゃな声で言いました。「返事できたね」と言い、私は戻りました。

これは「パーソナルスペース」を使った手法になります。人は、距離によって関係性が変わってくるわけです。3メートル60センチ以上離れていることを「公衆距離」と言います。簡単に言うと関係性が疎遠な距離です。この状態だと反旗を翻したり、暴言を吐いたりすることが十分にできます。だからそこで一気に距離を詰めたわけです。ニコニコとしながらです。

45センチ以下に入ると、「密接距離」になります。家族や恋人といった非常に親密な関係の人にしかそのスペースに入ることはできません。親密な人が入った場合は安心感や癒やしがもたらされますが、そうじゃない人が入ってきたときには、非常に高い危機感や不安感がぶわっと呼び起こされるわけです。いきなり距離を詰めることで、その子にしてみれば、一気に不安感や危機感が高まったと思います。

要は、位置や距離には力があるということがちゃんとわかっていると、注意をせずとも、対応できるということです。さらに、その後に返事をしたという事実を褒めることができます。これはたった一つの技ですが、こういうことを知っているだけでも、教員人生というのは、進み方がまるで変わってきたりします。

さらにもう一つ言うと、そういった発達の凸凹の強いお子さんというのは、第一印象が剥がれにくいといった特徴があるので、最初から注意などは私は基本的にしません。私自身は、前年度に暴言、暴力、パニック、飛び出し、教員への暴言、暴力といったありとあらゆるものが渦巻いていた子に対応するときも、絶対に初日にその子を複数回は褒めるように決意して初日に臨みました。第一印象という名の先行条件をポジティブなものにするためです。その上で、その褒めたことをお家の人に電話で伝えたり、一筆箋で伝えたりしました。最初はその子の固くなっている心を解きほぐして、この大人は今までの先生とちょっと違うなって思ってもらい、教師を見る目を変える、認知を変えます。大人とか教師とか、学校にいる人のことを、「いけすかんやつ」だとか、「俺のことをいつも攻撃してくるやつ」だと誤った認知がなされている場合が十分に考えられます。最初にやらなければダメなことは、その認知を変えてあげることなんです。十分に準備をした上で臨んだらいいと思いますが、まずは初日のうちにその子の素晴らしいところを取り立てて褒めるために準備をするといいです。

私だったら、その子の「席順」についてもしっかりと考えます。先ほどの「公衆距離」に置くのか、それとも「密接距離」に置くのか、こういったところも十分に配慮した上で、初日にその子を褒められるかなといろいろ考えておきます。例えば、「教室の電気をつけてください」と黒板に書いておいたとして、電源スイッチの近くに席があれば、その子がつける可能性だってあります。そのときに褒めることができます。

あるいは、新しい教科書を取りに行くときに、「誰か手伝ってくれないかな」「力持ちの男子がいいな」と言ったときに、その子が手を挙げたら、「うわー、〇〇君ありがとう」と言って、最初に感謝や、その子への承認、賞賛から始めることができます。それがお家の方にも伝わっていきます。

前の学年にトラブルを抱えたお子さんの家庭には、昨年度の間にもたくさんのネガティブな連絡があったと思います。「またしちゃいました」とか「学校に来てください」と言われ続けてきたと思います。そういった背景の中、「ああ、今回の先生は初日からこんなふうに褒めてくれて、うちの子のいいところを引っ張り上げようとしてくれてるんだな」となれば、**保護者の方の認知も変わっていきます**。そうすると、「今年の先生、きっとあんたのために頑張ってくれてると思うから、あんたも頑張るのよ」みたいな感じに、きっとなっていくと思います。

〈第2章解説：郡司竜平〉

表情を活かす（CASE2 不規則発言への対応）

渡辺先生は、不規則な発言への対応として、「ノンバーバル対応」を挙げています。その中でも「ニコッて微笑んだり」と表情を技法として用いることに触れています。

岩田・河村（2010）は「表情は、非言語的コミュニケーション・チャネルの一つであるが、ほかの非言語的コミュニケーション手段（姿勢、しぐさ、視線行動、空間行動、準言語行動など）と比較して、とりわけ多くの情報を伝達する。二者間の会話の中で、非言語的メッセージが伝える情報量は65%とも93%であるとも言われているが、中でも顔の表情が伝える情報量は全体の55%を占める」と説明しています。

ここからも渡辺先生が言う「ノンバーバル対応」が有効であることが言えそうですし、実際の渡辺先生の指導中の表情[1]に注目していただければ、読者のみなさんも納得されるのではと思います。

1　渡辺道治（2023）授業を研ぐ―飛び込み授業から考える教師の力の磨き方―、東洋館出版社では実際に渡辺先生が飛び込み授業をした際の授業動画を視聴することができる。この授業内では不適切な行動への対応場面は見られないが、渡辺先生が子どもたちに向ける表情は確認することができる。

さらに「目は注意の方向性や細かな表情を映し出す重要な器官である。顔全体の表情や仕草などとともに、視線は社会交流に欠かせない信号である」とされ、渡辺先生の「ちらっと見る」や「目線で制する」という具体的な対応が、言語を介さずとも子どもたちとの交流、やりとりになっていることがわかります。

加えて、野中ら（2011）は、教師の非言語的行動スキルは教員の力量形成において必要不可欠であるが、教師の非言語的行動のトレーニングは遅れていることに言及しています。ここを踏まえて、ノンバーバルについて意識していく必要がありますし、有馬・柳原（2020）が明らかにした平時の授業中における教師の視線（注視行動）の持つ意味を理解していくことが大切です。教師の視線には、子どもたちの学習状態を確認したり、心理状態がどのようであるのかを捉えたりする受信の意図と、授業者の意図を伝えようとする発信の内容もあるのです。自らが視線を向けることにより子どもたちがどのような意図を受け取るのかを予測しながら、効果的に生かしていくことが求められます。

感覚への刺激を使う（CASE4 癇癪を起こす子・不貞腐れる子への対応）

岩永ら（2001）にASD児13名を対象に行った実験の結果はとても参考になります。この実験は、身体の体性感覚に刺激を与えるか否かで呼名時のアイコンタクト回数を比較しています。

結果は、「触覚＋固有受容＋前庭刺激条件」「触覚＋固有受容刺激条件」「触覚刺激条件」「刺激なし条件」の順にアイコンタクトの回数が多いことが報告されています。

ここからは、体性感覚刺激を用いて注意を引きつける働きかけがあることで関係が取りやすくなることがわかりますし、さらには、触覚、固有受容、前庭刺激条件で呼名しない方が、アイコンタクトが取れる子どもが多いとされています。

CASE4の癇癪を起こす子や不貞腐れる子への対応にあった「その子が一番喜ぶ方法で行う強刺激」として、ハグだったり、高い高い、力強い握手などが挙げられています。これが実に効果的であるということです。

褒める言葉やタイミングを工夫することはもちろんですが、発達に凸凹が見られる子どもたちへは、体性感覚への刺激と合わせて褒めることでアイコンタクトが増え、その褒められた経験がエピソードとして残りやすくなるのです。

コミックトーク（CASE5　休み時間のトラブル対応）

コミックトーク（会話）とは、言葉による素早い会話の中で情報を整理したり、理解をすること（聴覚による一過性の刺激の受け取り）に苦慮している人々に対して、2、3人の会話に線画をはじめとする絵や文字などで視覚的な情報を補足的に提供することで、コミュニケーションを促す技法です。

人の言動を系統立てて明確にし説明したり、人の感情を言語化し視覚的に表すことで整理や理解しやすくするものです。「会話の色」なども用いて視覚的に理解しやすいように支援するためのものです。詳しくは本項の参考資料（キャロル・グレイ著　門眞一郎訳（2005）「コミック会話」明石書店）を参照していただければと思います。

不適切な行動を減少させていくために

応用行動分析学では、いわゆる不適切な行動を減少させていくために、左上の図で示した段階

選択する手続き	
レベルⅠ	分化強化手続きを実施する
	a.低頻度行動（DRL）の分化強化
	b.他行動（DRO）の分化強化
	c.対立行動（DRI）の分化強化
	d.代替行動（DRA）の分化強化
レベルⅡ	消去（強化の停止）手続きを実施する
レベルⅢ	求めている刺激を撤去する
	a.レスポンスコスト法
	b.タイムアウト法
レベルⅣ	嫌悪刺激を随伴呈示する
	a.無条件性嫌悪刺激
	b.条件性嫌悪刺激
	c.過剰修正法

図　行動減少のために選択される手続きの階層

を追っていきます。

明確なポイントは、不適切な行動が現れた後に嫌悪刺激を与える、いわゆる罰を与えればいいということではないことです。

安易に罰を用いる場合の副作用や反作用を考え、罰に代わりうる正の強化子を用いる方法から理解しておく必要があります。

タイムアウトを用いるまでにはいくつもの段階があるということと、次頁で示したタイムアウト自体の危険性を十分に認識しておく必要があるということです。また、レベルⅡ「消去手続き」に伴う「消去バースト」については、本書で渡辺先生も取り扱っていました。消去手続きによる効果はすぐには現れないこと、行動を減少させるにはかなり長い時間がかかることを理解しておくことが必要です。また、消去手続きを進める際に、通常の学級という集団の中で「注意の統制」は簡単なことではありません。さらには、消去手続きを開始すると「攻撃性」が生じる可能性があることも理解しておく必要があります。これまで得ることのできていたものが得られなくなるのですから、行動がエスカレーションしたり攻撃性が出現したりすることは想像できるかと思います。一度消去した行動も「自発的回復」として再び出現することがあります。この原理を理解しておくことで行動へ適切に対応できるようになります。ここで示したいくつかは参考文献に詳しくありますので、ぜひ手に取ってみてください。

現在の教育界では「ポジティブ行動支援」という考え方が広まってきています。気になる行動や不適切な行動が起きてから対処していくのではなく、適切な行動に着目し、より多く生起できるよう働きかけていくというものです。個々へのアプローチに留まらず学級、学校、地域で予防的に取り組んでいきます。積極的に適切な行動へアプローチしていくこの考え方や方法から多くのことを学び実践していくことがこれからの先生たちには求められています。

タイムアウトの危険性

本書にある「タイムアウト」を取り扱うことで、通常の学級の先生たちが安易にこの手法を用

概念：タイムアウト

a) ある行動に随伴して

b) 好子に接触することを禁止することで

c) その行動の頻度を減少させること

隔離型タイムアウト

非隔離型タイムアウト

※子供の望ましくない行動を弱化させる技法
例）望ましくない行動が生起するとすぐにタイムアウトの椅子に座る（短時間、2、3分）

杉山尚子他著「行動分析学入門」産業図書,2018（第25版）

いることで、別の不適応行動が起こる可能性があります。

島宗（2019）は、「タイムアウトに伴う場所の移動のさいに対象者に対する暴力が行われたり、不必要に長い時間、狭い部屋へ閉じ込めるなどの濫用が問題となり〜、他行動分化強化のようにポジティブな技法が開発されたこともあり、現在では推奨されていない」としています。

ベス・A・グラスバーグ／ロバート・H・ラルー（2023）も、「タイム・アウトは人気がありますが、すべての問題提起行動の解決策としてタイム・アウトに頼ることには問題があります。実際、タイム・アウトを使用すると、子どもはより頻繁に問題提起行動を起こすようになる場合があります。（中略）ある状況から逃れようとして自傷していたのです。ご想像のとおり、もし自傷行為をした子どもをタイム・アウトさせたとしたら、子どもはその場の状況から逃れることを動機づけられ、自分を傷つけてその場の状況から逃れるという悪循環が見えてきます」としています。

基本的には、不適応行動を減少させていくことと、適応行動を増加させていくこと（他行動分化強化とされている部分）を同時並行的に進めていく必要があります。

どうしても「不適応行動だけをなくす」ことに目がいきがちになりますので注意が必要です。

最後に

本書で渡辺先生は、通常の学級担任としてこれまで培ってきた指導の技術を惜しみなく用いつつ、特別支援教育分野での指導・支援の考え方や指導技術にまで踏み込み、目の前の子どもたちの学習成果を上げるために取り組んできたことを示しています。感覚の特性に応じた見立てや、行動分析を用いた介入（指導・支援）などがその代表です。

特別支援教育と通常の学級での教育を二項対立的に捉えるのではなく、シームレスに捉え、子どもたちに必要な理論や技術は躊躇なく学び、子どもたちの学びに還元していきます。その姿勢こそが渡辺イズムの真骨頂かもしれません。

私はもちろん、特別支援教育を専門とする先生たちは、とかく「個」に応じること、「個」から始めることを何よりも大切にします。

これはけっして間違いではありませんし、今でも一番大切であると思っていますが、それをそのまま通常の学級での指導、支援にひたすらに求めていくことは今一度ここで立ち止まって考える必要があるのかもしれません。

特別支援教育の中で用いられる基本の理論や技術の大切さを理解しつつ、通常の学級が置かれている現状や背景、集団との相互作用の中にいる「個」が起こす行動を捉えることが求められているのかもしれません。

そして、その文脈で指導・支援を展開してきた渡辺実践に学ぶべき点は多いのだと感じています。ただし、それらはどんなときも、どのような子どもであっても、一人ひとりの学ぶ権利を保障するという土台に立つことが重要です。

子どもたちの学びを毎日支える方々に、一人でも多くこの思いが届くことを願っています。

郡司竜平

おわりに

この本の原稿をまとめていた2024年4月。

海外から仕事のオファーが入ったため、私はアメリカやカナダに向かいました。

現地では、依頼されていた講演会や飛び込み授業を行ったことと合わせて、各地の公立校の教育視察も5校ほどさせてもらいました。

すべての学校に共通して際立って見られたのが、「特別支援の配慮がなされた授業設計・環境設計」でした。

子どもたちが気持ちを落ち着けるためのカームダウンスペース。

保健室とは別の部屋に常駐しているユースワーカーの先生。

光や音に十分に配慮しながら進められている一つひとつの授業。

各教室で使っている椅子一つとってみても、その子の感覚に合うようにと5～6種類の素材が用意されていました。

中には、発達に凸凹のあるお子さんばかりを集めている普通学校もあり、その学校の先生方は毎年大学院にて特別支援教育の学びを継続して行っているとのことでした。

しかも、それらは各先生方の自費での受講ということを聞いてさらに驚きました。

私は、その学校で案内をしてくださった一人の女性教員に尋ねました。

「あなたが、それほどまでに特別支援教育をひたむきに学ぶのはなぜですか？」

彼女は次のように答えました。

「子どもたちが生き生きと学ぶ姿を見るのが大好きなんです。そのために専門家として学び続けるのはとても自然なことです」

嬉しそうに、また誇らしそうに答える彼女の表情が、私はとても印象的でした。

各国によって、国の状況や抱えている教育課題はもちろん違います。

しかし、子どもたちのよりよい成長を願い、そうした姿を間近で見られることが無上の喜びであるという教師の感覚は、万国共通のものなのではないかと思うのです。

アメリカやカナダでの視察を通じて、私は幾度もそのことを感じました。


冒頭に書いたように、特別支援教育における学びは、すべての教育者にとって「必携の学び」だと私は確信しています。

しかし、日本の教員養成においては、こうした学びが必携となっていないのです。

大切な学びを携えていないがために、現場で苦しむ先生方の声も山ほど届きます。

だからこそ、志ある日本の教育者が一人また一人と立ち上がっていくことが大切です。

その着火点として、本書を通じ、我が国の多くの教育者にこの「必携の学び」が手渡せるようになることを願ってやみません。

それこそが、教育者としての自信や気概を取り戻すことに繋がり、日本の学校教育全体に大きな喜びをもたらす何よりの追い風になると私は信じています。


おわりになりますが、本書をまとめるにあたり、特別支援教育の専門家ということでたくさんのアドバイスをいただいた郡司竜平准教授に改めて感謝を申し上げます。

私が初めての書籍を刊行したのが２０２１年。その１冊目の書籍を読んで、「随所にみられる特別支援教育に関する豊富な知識と磨き抜かれた実践が素晴らしい」と評してくださったのが郡司先生でした。

そのときからのご縁がこうして今に繋がり、一緒に本書をまとめるまでの間柄になれたことを大変うれしく思います。

また、個人的なことで言えば、本書の刊行をもって節目となる自身10冊目の書籍を書き上げたこととなります。

その半分以上の著作を共につくり上げてきたのが、編集者である北山俊臣さんです。

編集という仕事だけでなく、各地での講演会やセミナー、オンラインでのイベントにも足しげく参加される北山さんは、私にとって一介の編集者という枠をはるかに超えた、大切な大切な盟友のお一人でもあります。

尊敬してやまない先生と心から信頼する盟友と共に、節目となる10冊目の刊行がここにできたことを、本当に幸せに思います。

本書をお読みになった方々とも、そうした豊かな縁が繋がっていくことを期待しながら、「おわりに」の文とさせていただきます。

2024年6月14日　豊かな自然と美しい水に囲まれた北海道東川町の自宅にて

渡辺道治

参考文献（本文）

杉山登志郎（2007）『発達障害の子どもたち』講談社
杉山登志郎（2011）『発達障害のいま』講談社
大山正・今井省吾・和気典二編（1994）『感覚・知覚心理学』誠信書房
岩瀬利郎（2022）『発達障害の人が見ている世界』アスコム
松野航大・嶋大樹・原真太郎著（2024）『すいすい学べる認知行動療法』ナカニシヤ出版
奥田健次（2012）『メリットの法則』集英社
奥田健次（2014）『世界に1つだけの子育ての教科書』ダイヤモンド社
川村仁（2023）『発達障害の子どものできるを増やすABAメソッド』幻冬舎
ソマ・ムコパディアイ（2020）『RPMで自己刺激行動と問題行動に対処する』エスコアール
長澤正樹（2022）『子供の問題行動へのエビデンスある対応術』明治図書出版
P・A・アルバート（2004）『はじめての応用行動分析学』二瓶社
ウィンディ・ドライデン（2023）『CBTによるシングル・セッション・セラピー入門』ちとせプレス

小嶋悠紀（２０２３）『発達障害・グレーゾーンの子がグーンと伸びた 声かけ・接し方大全』講談社
黒坂真由子（２０２３）『発達障害大全―「脳の個性」について知りたいことすべて』日経ＢＰ
小笠原恵・加藤慎吾 著（２０１９）『発達の気になる子の「困った」を「できる」に変える ＡＢＡトレーニング』ナツメ社
下山晴彦・林潤一郎 著（２０１２）『迷わず学ぶ 認知行動療法ブックガイド―ＣＢＴの理論と技法を体系的に学ぶための読書案』岩崎学術出版社
平山諭（２０１３）『満足脳を作るスキルブック：対話スキルですべての子どもが元気になる！』鬼灯書籍
有川宏幸（２０２０）『教室の中の応用行動分析学 その「行動」には理由（わけ）がある』明治図書出版
和久田学（２０２０）『科学的に考える子育て エビデンスに基づく10の真実』緑書房

参考文献（解説文）

・青山新吾（2022）エピソード語りで見えてくるインクルーシブ教育の視点、学事出版、22－34
・杉山尚子他（2018）行動分析学入門（第25版）、産業図書
・林　大輔（2022）自閉症・知的障害者支援に役立つ氷山モデル・ABC分析シートの書き方・活かし方、中央法規出版
・松浦直己（2018）教室でできる気になる子への認知行動療法「認知の歪み」から起こる行動を変える13の技法、中央法規出版、30－31
・マイケル・ニーナン＋ウィンディ・ドライデン著　石垣琢磨＋丹野義彦監訳（2010）認知行動療法100のポイント、金剛出版
・岩永竜一郎著（2010）自閉症スペクトラムの子どもへの感覚・運動アプローチ入門、東京書籍
・岩永竜一郎著（2014）自閉症スペクトラムの子どもの感覚・運動の問題への対処法、東京

書籍

・岩永竜一郎編著（2022）発達障害のある子の感覚・運動への支援、金子書房
・ベス・A・グラスバーグ／ロバート・H・ラルー著　門　眞一郎訳（2023）自閉症の人の機能的行動アセスメント（FBA）問題提起行動を理解する、明石書店
・三田地真実・岡村章司著（2019）保護者と先生のための応用行動分析入門ハンドブック、金剛出版
・岩田　誠、河村　満・編集（2010）ノンバーバル・コミュニケーションと脳－自己と他者をつなぐもの、医学書院
・岩永竜一郎著（2014）自閉症スペクトラムの子どもの感覚・運動の問題への対処法、東京書籍、第14章「体性感覚刺激を使ったコミュニケーション指導」p．189－192
・キャロル・グレイ著　門　眞一郎訳（2005）コミック会話　自閉症など発達障害のある子どものためのコミュニケーション支援法、明石書店
・ポール　A・アルバート、アン　C・トルートマン著、佐久間　徹／谷　晋二／大野裕史訳（2004）はじめての応用行動分析日本語版第2版、二瓶社、215－
・島宗　理（2019）応用行動分析学ヒューマンサービスを改善する行動科学、新曜社、p．238
・ベス・A・グラスバーグ／ロバート・H・ラルー著　門　眞一郎訳（2023）自閉症の人の

機能的行動アセスメント（FBA）問題提起行動を理解する、明石書店、p．18－より
・野中陽一朗・沼昂佑・井上　弥（2011）初等教員養成カリキュラムの非言語的行動スキルの向上評定に基づく分類、学習開発学研究四号、p．15－19
・有馬道久・柳原由美子（2020）授業中の教師の注視行動とその意図に関する実践研究、香川大学教育実践総合研究40巻、p．37－44
・三和円香・二宮　昭（2022）教員のリーダーシップと非言語情報の表出が学習者に与える影響、愛知淑徳大学教育学研究科論集第12号、p．23－33
・肥後祥治（2010）子どもたちの抱える行動上の問題への挑戦、明治図書出版

特別支援教育に学ぶ

発達が気になる子の教え方 The BEST

2024（令和6）年 7 月25日　初版第1刷発行
2024（令和6）年10月18日　初版第2刷発行

著　　　者：渡辺道治
解　　　説：郡司竜平
発　行　者：錦織圭之介
発　行　所：株式会社　東洋館出版社
〒101-0054　東京都千代田区神田錦町 2-9-1
コンフォール安田ビル２階
代表　　TEL：03-6778-4343　FAX：03-5281-8091
営業部　TEL：03-6778-7278　FAX：03-5281-8092
振替　00180-7-96823
URL　https://www.toyokan.co.jp

［デザイン］：木下悠
［組　　版］：株式会社ダイヤモンド・グラフィック社
［印刷・製本］：株式会社ダイヤモンド・グラフィック社

ISBN 978-4-491-05614-2　　Printed in Japan